前言
PREFACE

股市瞬息万变，机遇稍纵即逝！熟练掌握操盘技巧，保持一种健康的心态，这样才能抓住市场机会，到达成功的彼岸！

从无数成功和失败的例子中，我们不难发现，操盘实战中，能够抓住三个关键点，胜利就离你不远了。这三个关键点就是最佳买卖点、看盘和操盘技巧、健康的心态。

如何在众多投资者中脱颖而出，在股海中乘风破浪，永远是股民们最关心的话题。对于初入股市的人来说，如果能在最短的时间内学到最实用的股票知识，包括股票基本知识、看盘解盘技巧、指标应用等；在有限的条件下融会贯通实战操盘技巧，包括短线、中线、长线获利技巧，强势股的跟踪技巧等；在下定决心投身股市的时候不忘风险控制和保持良好的心态，相信你一定会成为一名合格的投资者。

好高骛远是成功的绊脚石，基础知识永远是最需要练习的基本功。没有学会走的时候，是不可能学会跑的，急急忙忙上路，不摔跤才怪！如果你不想永远停留在"菜鸟"的级别，被人"割韭菜"，沉下心来多学习是必须要做的！

大量的看盘、分析是在正式入市之前要做的。我们常说的"盘感"就是指投资者对盘面的变化的感觉，但是这个感觉不是一生下来就有的，是靠日积月累的分析和研究得来的。

除了培养自己的感性认识外，理性的技术上的认知可以说是最关键、最重要，也是最核心的部分了。选股的技术、跟踪强势股的技术、短线买卖点、中线买卖点、长线买卖点等，如果你能够把这些操盘技巧融会贯通，运用到实战中去，相信你将获得成功。

此外，我们还需要做的是心态的调整及锻炼。

李嘉诚曾说过：炒股，其实也没有什么特别的，光景好时，绝不过分乐观；光景不好时，也不过度悲观。

本书在着重为大家介绍操盘知识和实战技术的同时，也阐述了如何保持健康的炒股心态。本书由浅入深地分析了股市的各个方面，使读者能够在变幻莫测的股市中少走弯路，与风险渐行渐远，与财富结伴而行！

本版根据股市的发展，在上版的基础上做了适时的修订和完善，更换了大量的最新的实战技术图，实用性和可借鉴性更强。由于作者水平有限，书中难免存在纰漏，欢迎读者朋友们批评指正。

编者

2021 年 10 月

从零开始

开始学操盘

散户股市获利实战技法

THE STOCK MARKET

康凯彬——主编

详细解读操盘技巧

成就炒股实战高手

口碑热销

第3版

中国纺织出版社有限公司

内 容 提 要

股市中赚了大钱和亏了血本的故事经常上演，原因与资金的多寡无关，关键在于投资者解盘和操盘水平的高低。

本书由浅入深，详细讲解了如何解读盘面信息、如何把握买卖点、如何操作短线和长线、如何跟踪强势股等具体的操盘技巧和策略，同时还提供了大量的操盘实例和具体的K线图分析，本版在上一版的基础上对内容做了进一步的精简和完善，实用性和可操作性更强，旨在帮助入市不久的散户提升实战技巧，成就股市操盘高手！

图书在版编目（CIP）数据

从零开始学操盘：散户股市获利实战技法 / 康凯彬主编 ． --3 版 ． -- 北京：中国纺织出版社有限公司，2022. 3

ISBN 978-7-5180-9071-6

Ⅰ．①从… Ⅱ．①康… Ⅲ．①股票交易—基本知识 Ⅳ．① F830. 91

中国版本图书馆 CIP 数据核字（2021）第 221898 号

责任编辑：向连英　责任校对：高 涵　责任印制：何 建

中国纺织出版社有限公司出版发行

地址：北京市朝阳区百子湾东里A407号楼　邮政编码：100124

销售电话：010—67004422　传真：010—87155801

http://www.c-textilep.com

中国纺织出版社天猫旗舰店

官方微博 http://weibo.com/2119887771

三河市延风印装有限公司印刷　各地新华书店经销

2022年3月第3版第1次印刷

开本：710×1000　1/16　印张：12

字数：174千字　定价：49.80元

目录 CONTENTS

第二部分　如何看盘与解盘

第三部分 ∧∧∧ 操盘实战技术

第四部分 ∧∧ 操盘实战技巧

第一部分

入市必备的基础知识

第一章

实战基本功

一、了解股票常识

随着社会经济的发展，股票应该为我们所了解。股票究竟是什么呢？

（一）股票是什么

要学会操作股票，就要先弄明白股票是什么。

股票是股份制企业发行的，用于证明投资者股东身份和权益，并据此分配红利的有价证券，是企业签发给股东证明其持有企业股份的凭证。

毫无疑问，股票是一种有价证券，因此，股票具有四个与生俱来的特征：

1. 稳定性

稳定性是指只要股票发行企业存在，股东就不能退股。

如果股东不想继续持有股票，就可以将股票卖出，即把股票以转让的形式卖给他人，以收回自己的投资。股票的转让并不会减少企业的资本，只是变更了企业的股东。

2. 流通性

股票的流通性是指股票在市场上具有自由买卖、转让、继承、赠予、抵押的特性。如果是无记名股票，只需要把股票直接交付给受让人，即可达到转让的法律效果；如果是记名股票转让，则需要在卖出人出示正式授予书后才可以转让。

我们一般可以通过流通的股票数量、股票成交量以及股价对交易量的敏感程度来衡量一只股票流通性的好坏。流通股数量越少，成交量越小，价格对成交量越不敏感，就表示股票的流通性越差，反之则流通性越好。也正是由于股票具有流通性，才使股票成为一种重要的融资工具而得到不断的发展。

3. 权益性

股民持有某公司的股票，可以享受到三个方面的收益：第一，公司盈利的股息和分红（股息或红利的大小，主要取决于公司的经营状况、盈利水平和盈利分配政策等）；第二，股民还可以通过股票买卖的高低差价，赚取差额利润；第三，股民可凭其持有的股票向股份公司索偿。

在股份公司解散或宣布破产时，每一个股民都需要向公司承担有限责任，按照其所持有的股份比例对债权人承担清偿债务的有限责任（一般以出资额为限）。债务清偿之后的剩余资产，可以按照从优先股到普通股的顺序，按持有人持有股份的比例向公司请求清偿。

4. 风险性

作为现在市场上最主要的投资方式，股票不可避免地具有风险性。其价格主要受到公司的经营状况、银行利率、供求关系、大众心理等多种因素的影响，有较强的波动性。价格波动越大，投资风险也越大。股民购买了股票，既有可能获取较高的投资收益，同时也要有心理准备承担相应的投资风险。

（二）股票的几种价格

股票的价格可分为面值、净值、清算价格、发行价及市价五种。

1. 面值

股票的面值是股份公司在所发行的股票票面上标明的票面金额，用来表明每一张股票所包含的资本数额。

2. 净值

股票的净值又称账面价值，即每股净资产，是用会计统计的方法计算出来的每股股票所包含的资产净值。其计算方法是用公司的净资产（包括注册资金、公积金等）除以总股本，得到的就是每股的净值。股份公司的账面价值越高，则股东实际拥有的资产就越多。账面价值是财务计算及统计的结果，是股票投资者评估和分析上市公司实力的重要依据之一。

3. 清算价格

股票的清算价格是指一旦股份公司破产或倒闭后进行清算时，每股股票所代表的实际价值。从理论上讲，股票的每股清算价格应与股票的账面价值相一致，但企业在破产清算时，其财产价值是以实际的销售价格来计算的。而在进行财产处置时，其售价一般都会低于实际价值。所以，股票的清算价格就会与股票的净值不一致。股票的清算价格只是在股份公司因破产或其他原因丧失法人资格而进行清算时才被作为确定股票价格的依据，在股票的发行和流通过程中没有实际意义。

4. 发行价

当股票上市发行时，上市公司从自身利益以及确保股票上市成功等角度出发，对上市的股票不是按面值发行，而是制定一个较为合理的价格来发行，这就是股票的发行价。

5. 市价

股票的市价是指股票在交易过程中交易双方达成的成交价，通常所指的股票价格就是指市价。股票的市价直接反映着股票市场的行情，是股民购买股票的依据。由于受众多因素的影响，股票的市价处于经常性的变化之中。

（三）了解龙头股

1. 什么是龙头股

龙头股是指某一时期在股票市场中对同行业板块的其他股票具有影响和号召力的股票，它的涨跌往往对同行业板块其他股票的涨跌起引导和示范作用。

通常，龙头股的地位往往只能维持一段时间，不可能永远保持不变。一般来说，主力资金介入最深的个股，也是涨幅最佳、市场表现最好的龙头股。投资者在操作时，发现主力介入较深的个股，便可用追涨的方式获利。这需要投资者敏锐的眼光和把握市场热点的能力，并且学会在正确的时机追涨龙头股。

2. 如何捕捉龙头股

股市行情启动后，无论是一轮大牛市行情，还是一轮中级反弹行情，总会有几只个股起着呼风唤雨的作用，引领大盘指数逐级走高，这样的股票就会成为龙头股。

要想发现市场龙头股，就必须密切留意行情，特别是股市经过长时间下跌后，关注那些率先反弹的个股。此时，虽然谁都不知道哪只个股将会突围而出，引导大盘，但可以肯定的是龙头就在其中。因此，要圈定这几只个股，然后按各个股的基本面来确定。由于股市投机性强，每波行情均会炒作某一题材或概念，因此，结合基本面就可知道，能作为龙头的个股一般其流通盘中等偏大最合适，而且该公司一定在某一方面有独特之处，在所处行业或区域占有一定的地位。

捕捉龙头股首先要选择在未来行情中可能形成热点的板块。需要注意的是：板块热点的持续性不能太短，所拥有的题材要具备一定的想象空间，板块的领头羊要具备能够激发市场人气、带动大盘的能力。

所选的板块容量不能过大，如果出现板块过大的现象，就必须将其细分。例如，深圳地区股的板块容量过大，在一轮中级行情中是不可能全部上涨的，因此，可以根据行业特点将其细分为几个板块，这样，才能有的放矢地介入。选股时要宜精不宜多，一般每个板块只需要选 3 ～ 6 只个股，多了不利于分析、关注以及快速出击。然后将选出的板块和股票设置到分析软件的自定义板块中，便于今后的跟踪分析。自定义板块名称越简单越好，如 A、B、C……看盘时一旦发现领头羊启动，可以用"键盘精灵键"一键敲定，节约操盘时间，有条件的投资者可以开启预警功能。

投资者选择的板块和个股未必全都能成为热点，也未必能立刻展开逼空行情，需要长期跟踪观察，把握最佳的介入时机。

投资者需要密切关注板块中大部分个股的资金动向，当某一板块中的大部分个股有资金增仓现象时，要根据个股的特点特别留意有可能成为龙头股的品种。一旦某只个股率先放量启动并确认向上有效突破后，不要去买其他跟风股，而是追涨这只龙头股。

这种选股方法看上去是追已经涨高且风险很大的个股，实际上由于龙头股具有先板块启动而起、后板块回落而落的特性，所以，它的安全系数和可操作性均远高于跟风股，由此而来的收益更是跟风股望尘莫及的。

二、了解股票市场与政策

（一）股票市场的分类

一般来说，股票市场可以分为一级市场和二级市场，一级市场也称股票发行市场，二级市场也称股票交易市场。

股票市场是多种有价债券市场中的一种，股票交易是有价债券交易的一个组成部分。目前我们说的股票市场，大都是指证券市场中股票交易的场所。

（二）股票市场在经济社会中的作用及职能

股票市场一直被当作判断市场经济发展好坏的晴雨表，它的变化与整个市场经济的发展密切相关。

股票市场是上市公司筹集资金的重要途径之一。随着商品经济的发展，公司的规模越来越大，需要大量的长期资本。公司自身的资本化积累，很难满足生产发展的需求，必须从外部筹集资金。公司筹集长期资本一般有三种方式：一是向银行借贷，二是发行公司债券，三是发行股票。前两种方式的费用较高，并且有时间限制，因而有很大的局限性；而利用发行股票的方式来筹集资金，则无须还本付息。综合比较这三种筹资方式，发行股票的方式无疑是最符合经济原则的，对公司来说是最有利的，所以，发行股票筹集资金就成为企业发展的一种重要形式。而股票市场一方面可为股票的流通转让提供基本的场所，另一方面也可以刺激人们购买股票的欲望，为一级股票市场的发行提供保障。同时，由于股市的交易价格能比较客观地反映股票市场的供求关系，所以股市也能为一级市场股票的发行提供价格及数量等方面的参考依据。

股票市场的职能反映了股票市场的性质。在市场经济社会中，股票有如下四个方面的职能：

1. 积聚资本

上市公司通过股票市场发行股票来为公司筹集资本。上市公司将股票委托给证券承销商，证券承销商再在股票市场上发行给投资者。而随着股票的发行，资本就从投资者手中流入上市公司。

2. 转让资本

股票市场为股票的流通转让提供了场所，使股票的发行得以延续。如果没有股票市场，很难想象股票将如何流通。当一个投资者选择银行储蓄或购买债券时，不必为流动性担心，可以按照约定的利率收回利息，将投资撤回以及变为现金这样不存在任何问题。但股票投资就不同了，一旦购买了股票就成了企业的股东，此后，你既不能要求发行股票的企业退股，也不能要求发行企业赎回。如果没有股票的流通与转让场所，购买股票的投资就变成了一笔死钱，即使持股人急需现金，股票也无法变现。这样的话，人们对购买股票就会有后顾之忧，股票的发行就会出现困难。有了股票市场，股民就可以随时将持有的股票在股市上转让，按比较公平与合理的价格将股票兑现，使"死钱"变为"活钱"。

3. 转化资本

股票使非资本的货币资金转化为生产资本，股票市场在股票买卖者之间架起了一座桥梁，为非资本的货币向资本的转化提供了必要的条件。

4. 赋予股票价格

股票在市场上流通的价格与其票面金额不同，票面金额只是股票持有人参与红利分配的依据，不等于其本身所代表的真实资本价值。在股票市场上，股票价格有可能高于其票面金额，也有可能低于其票面金额。股票在市场上的流通价格是由股票的预期收益、市场利息率以及供求关系等多种因素决定的。因此，如果没有股票市场，无论预期收益如何，市场利率有多大的变化，也不会对股票价格产生任何影响。所以说，股票市场具有赋予股票价格的职能。

在股市中，由于股价的走向取决于资金的运动，资金实力雄厚的机构大户能在一定程度上影响股价的涨跌。他们可以利用自身的资金实力，采取多种方式从中获利，因而使股票市场有投机的一面。但这并不能代表股票市场的全部，不能反映股票市场的实质。

对于股票市场上的投机行为要进行客观的评价。股票市场上的种种投机行为固然会对商品经济的发展产生很大的副作用，但不可忽视的是，投机活动也是资本集中的一个不可缺少的条件。我们应该认识到，正是由于投机活动有获得利益的可能，才刺激了某些投资者，使其将资金投入股票市场，从而促进资本的大量集中，使货币资金转化为资本。

（三）货币政策与财政政策

1. 货币政策

货币政策是国家调控国民经济运行的重要手段，它的变化对国民经济发展速度、就业水平、居民收入、企业发展等都有直接影响，进而对股市产生较大的影响。货币政策主要包括利率政策、汇率政策和信贷政策。

当政府为了控制通胀而紧缩银根时，利率就会上升。一般情况下，利率上升时，股票的价格就会下跌；相反，利率下降时，股票的价格就会上升。

国际金融市场的利率水平往往也能影响国内的利率水平，进而影响股市行情。如果国际利率水平低，一方面对国内的利率水平产生影响，另一方面也会吸引国外资金进入国内股市，从而拉动股票价格上扬。反之，如果国外的利率水平上升，则会出现与上述相反的情况。

2. 财政政策

财政政策主要包括公共支出政策、公债政策和税收政策。

一般来说，财政政策对股市的影响不如货币政策对股市的影响直接，但它可以通过影响国民经济的运行，来间接地影响股市。

另外，财政政策中关于证券交易税项调整措施本身就是股票市场调控体系的组成部分，对股市的影响较大。

（四）我国的涨停板制度

1. 什么是涨停板

证券市场中交易当天股价的最高上涨幅度的限度被称为涨停板，涨停板时的股价叫涨停板价。

涨停板推出的初衷是为了防止证券市场过度投机，防止市场过度波动。涨停板表示股价有最强烈的上涨欲望，而股价出现的第一个涨停板往往就是短线上涨的临界点所在。

2. 股票涨停的意义

股票会由于政策、业绩、资产重组、概念炒作、超跌反弹、周边市场变化、板块联动、行情反转等各种原因涨停。对于股票所处阶段的不同，其意义和作用是不同的：

（1）在股票上升初期涨停。此时，涨停价格代表了主力的成本价格，主力以涨停手法来拉高建仓。

（2）在股票上升中期涨停。此时，涨停价格代表了主力的利润区，主力以连续拉涨停的手法迅速脱离成本区以获得利润。

（3）在相对高位涨停。此时是最危险的区域，在相对高位的涨停表明主力开始派发，以涨停的手法来吸引市场的注意力，利用一部分投资者追涨杀跌的心理来吸引大量的跟风盘。

三、读懂上市公司的财务报表

上市公司的财务报表是反映企业财务状况、经营成果和现金流量的书面文件。

（一）财务报表

财务报表一般包括资产负债表、利润表和现金流量表三张基本报表。

1. 资产负债表

资产负债表是上市公司的主要报表，它发挥的重要作用主要包括以下方面：

（1）提供某一特定日期的资产总额，表明公司拥有或控制的经济资源及其分布情况，为分析公司生产经营能力提供重要资料。

（2）能够反映某一日期的负债总额及其结构，表明公司未来需要用多少资产或劳务清偿。

（3）能够反映所有者权益的总量和结构情况，表明投资者在公司资产中所占的份额。

（4）能够提供变现能力、偿债能力、获利能力等财务分析所需的基本资料。

表 1-1 为甲公司 2019 年的资产负债表，它反映了该公司在此刻拥有或者控制的资源、财务结构以及具有的变现能力、偿债能力等信息。

表1-1 资产负债表

【资产负债表摘要】

指标(单位：元)	2019-12-31
资产总额	68.44 亿
货币资金	7.49 亿
应收账款	3.45 亿
预付账款	532.21 万
其他应收款	2550.27 万
存货	142.81 万
流动资产总额	66.81 亿
固定资产	6716.51 万
负债总额	7.75 亿
应付账款	6023.57 万
预收账款	4.38 亿
流动负债	7.27 亿
非流动负债	4870.07 万
未分配利润	9.53 亿
盈余公积金	5968.12 万
股东权益	60.69 亿

2. 利润表

利润表也是非常重要的报表之一，它的主要作用包括：

（1）反映公司在一定会计期间的收益情况、成本耗费情况和经营成果。

（2）衡量公司管理人员经营绩效。

（3）预测公司未来获利能力。

表1-2为乙公司的利润表，反映了该公司在2019年度的获利能力、成本费用的高低与控制情况等。

表1-2　乙公司披露的利润表

【利润表摘要】

指标（单位：元）	2019-12-31
营业收入	15.80亿
营业成本	2.28亿
营业费用	3.45亿
管理费用	1.36亿
财务费用	−301.89万
投资收益	3146.56万
营业利润	4.02亿
营业外收支净额	−472.49万
利润总额	4.06亿
净利润	4.01亿

3. 现金流量表

现金流量表主要包括企业经营活动、投资活动和筹资活动所产生的现金流量。其作用主要包括：

（1）表明公司一定期间内现金流入和流出的原因。

（2）显示公司的偿债能力和支付股利的能力。

（3）预测公司未来获取现金和现金等价物的能力。

（4）分析公司投资活动对经营成果和财务状况的影响，能够提供不涉及现金的投资和筹资活动的信息。

表1-3为现金流量表，反映了该公司的现金和现金等价物流入和流出的情况。

表1-3　现金流量表

【现金流量表摘要】

指标（单位：元）	2019-09-30
销售商品收到现金	17.91亿
经营活动现金流入	19.05亿
经营活动现金流出	13.19亿
经营活动现金净额	5.86亿
投资活动现金流入	45.92亿
投资活动现金流出	90.66亿
投资活动现金净额	-44.74亿
筹资活动现金流入	44.82亿
筹资活动现金流出	3248.61万
筹资活动现金净额	44.49亿
汇率变动的现金流	131.45万
现金流量净增加额	5.62亿

（二）财务报表分析的方法

作为投资者，学会分析财务报表中的数据也是一项非常必要的基本功。一般来说，财务报表分析的方法主要有以下四种：

1. 比较分析

比较分析是为了说明财务信息之间的数量关系与数量差异，为进一步的分析指明方向。这种比较可以是实际与计划相比较，也可以是本期与上期相比较，还可以是与同行业的其他企业相比较。

2. 趋势分析

趋势分析是为了揭示财务状况和经营成果的变化及其原因、性质，帮助预测未来。用于进行趋势分析的数据既可以是绝对值，也可以是比率或百分比数据。

3. 因素分析

因素分析是为了分析几个相关因素对某一财务指标的影响程度。因素分析法主要有连环替代法和差额分析法。

4. 比率分析

比率分析是通过对财务比率的分析，了解企业的财务状况和经营成果。比率主要包括构成比率、效率比率以及相关比率等。

（三）比率分析

在实际工作当中，比率分析方法应用最广。因为这种方法可以消除公司规模的影响，在相对公平的尺度下比较不同公司的收益和风险，帮助投资人进行理性的分析，从而做出正确的决策。比率分析主要包括分析反映偿债能力、运营能力和盈利能力三个方面的比率。

1. 偿债能力

偿债能力反映企业偿还到期债务的能力，它包括短期偿债能力和长期偿债能力。

（1）短期偿债能力。短期偿债能力是指企业偿还短期债务的能力。短期偿债能力不足，不仅会影响企业的资信，增加今后筹集资金的成本与难度，还可能使企业陷入财务危机，甚至导致破产。一般来说，企业应该以流动资产偿还流动负债，而不应靠变卖长期资产偿还负债，所以，通常用流动资产与流动负债的数量关系来衡量企业短期偿债能力。它们的计算公式如下：

$$流动比率 = 流动资产 / 流动负债$$

$$速动比率 = 速动资产 / 流动负债$$

$$现金比率 = （货币资金 + 交易性金融资产） / 流动负债$$

式中：速动资产是指能立即变现的资产，一般是指从公司流动资产中扣除流动性较差的存货、预付款等之后的余额。

流动资产可以用于偿还流动负债，也可以用来支付日常经营所需要的资金。因此，流动比率高，通常表明企业短期偿债能力较强，但如果过高，则会影响企业资金的使用效率和获利能力。究竟多少合适没有定律，因为不同行业的企业具有不同的经营特点，这使得其资产流动性也各不相同。另外，这还与流动资产中的现金、应收账款和存货等项目各自所占的比例有关，因为它们各自的变现能力不同。因此，可以用速动比率和现金比率来进行辅助分析。一般认为流动比率为 2，速动比率为 1 比较安全，过高则有效率低之嫌，过低则有管理不善的可能。但是，由于企业所处行业和经营特点的不同，应结合实际情况具体分析。

（2）长期偿债能力。长期偿债能力是指企业偿还长期利息与本金的能力。

一般来说，企业长期负债主要是用于长期投资，因而最好是用投资产生的收益来偿还利息与本金。通常以负债比率和利息保障倍数这两项指标来衡量企业的长期偿债能力，它们的计算公式如下：

$$负债比率＝负债总额／资产总额$$

$$利息保障倍数＝经营净利润／利息费用$$

$$＝（利润－所得税－利息费用）／利息费用$$

负债比率又称财务杠杆，由于所有者权益不需偿还，所以财务杠杆越高，债权人所得到的保障就越低。但这并不是说财务杠杆越低越好，因为一定的负债表明企业的管理者能够有效地运用股东的资金，帮助股东用较少的资金进行较大规模的经营。所以，财务杠杆过低说明企业没有很好地利用其资金。

利息保障倍数考察企业的营业利润是否足以支付当年的利息费用，它从企业经营活动的获利能力方面分析其长期偿债能力。一般来说，这个比率越大，就表明企业长期偿债能力越强。

2. 运营能力

运营能力是反映企业利用资金的效率。运营能力是以企业各项资产的周转速度来衡量企业资产利用的效率。周转速度越快，表明企业的各项资产进入生产、销售等经营环节的速度越快，那么，其形成收入和利润的周期就越短，经营效率自然就越高。一般来说，包括以下五个指标：

$$应收账款周转率＝赊销收入净额／应收账款平均余额$$

$$存货周转率＝销售（营业）成本／存货平均余额$$

$$流动资产周转率＝销售收入净额／流动资产平均余额$$

$$固定资产周转率＝销售收入净额／固定资产平均净值$$

$$总资产周转率＝销售收入净额／总资产平均值$$

由于上述这些周转率指标的各项数据分别来自资产负债表和利润表，而资产负债表数据是某一时点的静态数据，利润表数据则是整个报告期的动态数据。所以，为了使这些数据在时间上具有一致性，就必须将资产负债表上的数据折算成整个报告期的平均额。通常，上述指标越高，说明企业的经营效率越高。但数据只是一方面的问题，在进行分析时，还应注意各资产项目的组成结构，如各种类型存货的相互搭配、存货的质量和适用性等。

3. 盈利能力

盈利能力是反映企业获取利润的能力，只有长期盈利企业才能真正做到持续经营。因此，无论是投资者还是债权人，都对反映企业盈利能力的比率非常重视。盈利能力指标通常包括以下内容：

$$毛利率＝（销售收入－成本）／销售收入$$

$$营业利润率＝营业利润/销售收入$$

$$＝（净利润＋所得税＋利息费用）／销售收入$$

$$净利润率＝净利润／销售收入$$

$$总资产报酬率＝净利润／总资产平均值$$

$$权益报酬率＝净利润／权益平均值$$

$$每股利润＝净利润／公司总股本$$

上述指标中，毛利率、营业利润率和净利润率分别说明企业生产（或销售）过程、经营活动和企业整体的盈利能力，指标越高则获利能力越强；资产报酬率反映股东和债权人共同投入资金的盈利能力；权益报酬率则反映股东投入资金的盈利状况。权益报酬率是股东最为关心的内容，它与财务杠杆有关，如果资产的报酬率相同，则财务杠杆越高的企业其权益报酬率也越高，因为股东用较少的资金实现了同等的收益。每股利润只是将净利润分配到每一份股份中，目的是更简洁地表示权益资本的盈利情况。衡量上述盈利指标是高还是低，一般要通过与同行业其他企业的水平相比较才能得出结论。

上述这三个方面是相互关联的，需要综合分析上述比率。比如，盈利能力会影响短期和长期的流动性，而资产运营的效率又会影响盈利能力。

（四）认识财务报表的局限性

财务报表的局限性主要表现在以下三个方面：

（1）财务报表严格按会计准则、会计制度及其他相关法规编制而成，这只说明这些财务报表的编制是合乎规范的，并不保证它能准确反映公司的客观实际，因为会计核算本身就受到许多原则和假设的限制。比如，固定资产的净值只是按其历史成本减去累计折旧计算出来的，折旧的计算隐含着很大的主观性。固定资产的账面价值并不代表其现行市价，也不能详细反映固定资产的技术状况和盈利能力。非常规或偶然事件的发生会使本期的利润数据受到影响，使利润指标不能反映公司的正常盈利水平。

（2）财务报表中的数据是分类汇总性数据，它不能直接反映企业财务状况的详细情况。比如，上市公司期末应收账款的余额中，不同账龄、不同项目的债权具有不同的风险，其实际价值也就不相同，但财务报表并不能全面反映这些情况。

（3）财务报表数据的信息质量还受制于上市公司管理者的道德水准。企业获取利润的方法和途径是多种多样的，有人通过正当的艰苦经营来获得利润，也有人通过不正当的手段来牟取私利。因此，在分析上市公司的财务报表之前，先要对该公司管理者的道德水准进行评估，以判断该公司财务报表数据的可信度，把握相关的风险。

既然财务报表具有如上所述的局限性，要准确把握上市公司的财务状况和盈利能力，就必须透过现象看本质，用正确的思路和方法对报表数据进行科学、细致地分析。

四、风险管理

索罗斯曾说："人们对市场的理解是不完全的。"事实上，即使人们具有对市场很高的理解力，仍然不能完全把握市场，市场永远具有随机性和不确定性。这种不确定性很容易让我们犯错误，这就要求我们多学习一些风险管理的知识。

（一）短期风险管理

短线买入的股票一般针对强势股，操作策略通常采用快进快出。投资者需要掌握买入和卖出时的风险管理。

1. 买入风险管理

A股一般实行 T＋1 制度，买入当日不能卖出，所以对于短线来说，风险产生于买入当天的管理控制。

（1）分散风险。在没有绝对把握的情况下，千万不要全仓买入一只股票，尤其对于中小投资者来说，最好把总资金平均分成4份，用其中3份分别买3只股票，留1份作为现金灵活支配。在需要加仓时，这份现金也就派上了用场。

（2）等待突破行为确认后再介入。尽量不要在突破行为发生之前购买，因为股价有很大的随机性，有可能不按预期的方向发展，投资者贸然买进属于一种赌博的行为，是有风险的。

（3）平时空仓等机会，九成把握再出击。事实上，九成把握也不过是我们自己的判断，仍然需要我们有过硬的技术分析能力。

（4）分批买入。对于资金量较大的投资者，可以分批买入。在买点出现时先行试仓买入资金量的 50%，如果该股股价再上一个台阶，等到买点再次出现（一般应高出前次买入价的 3%）或在封涨停时，再加仓 50%。

（5）在大盘整体较弱时控制仓位。在大盘整体较弱时，总体仓位应适当降低，分配到每只股票上的资金量也要相应减少。

（6）超配额加仓需慎重。如果对股价上涨这一趋势有绝对的把握，可以进行超配额加仓，但注意不要在原定配额买入的同一天进行，这样，在出现意外时可以及时将原定配额部分卖掉。另外，在执行超配额加仓时，一定要在原定配额买入后已经产生利润时才可进行，如果原定配额部分还没有产生利润，不能急于加仓，盘面出现亏损时更不能进行超配额加仓。

（7）乖离率较大时切忌追涨买入。在个股乖离率较大时勿追涨，若此时买入后股价上升不多就可能会下跌，甚至还有被套的风险。

2. 卖出风险管理

（1）一切以卖出信号为准。任何股票都有其市场规律性和波动性，不要因为该股质地优良就改变买入时的初衷和计划，把短线做成了中长线。如果有了明显的卖出信号，投资者一定要及时卖出。

（2）达到阶段预期目标时，盘中可以先卖出一半。达到了预期目标，最好按照原计划将资金量减少一半，不可贪心观望。剩下的一半，在盘中卖出条件出现时再卖出，或留待当日收盘前再做决定。

（3）股票走势与预期走向完全相反或相差太大，要及时卖出。这样做是为了避免损失继续扩大，最好的方法是及时卖出，为今后的投资储备资金，再寻良机。

（4）决策失误，及时卖出。在观看大盘波动几天后，如果发现买入该股的决策是一个错误时应尽快卖出。

（5）波段中出现下跌的 K 线组合应及时卖出。波段运行了一段时间，涨幅较大，某日突然出现下跌的 K 线组合，其最低价低于前一日的最低价，而且又无新高时，当日见反弹及时卖出。

（6）触及 3% 止损位时，及时卖出。短线一般以 3% 为止损位。强势股的低开或震荡，一般不会比前日收盘价低 3% 以上。所以，跌幅超过 3%，且较长时间不能回归原位时，表明该股短线已不再强势了。

（7）大盘整体走弱，无法完成预计目标。如果买入后发现大盘走弱，可能会有一段较长时间的下跌时，应及时卖出。

（二）中期风险管理

中线投资周期较长线投资周期要短，要求公司业绩仍处于上升之中，在持股的过程中不会出现业绩下滑且股价仍处于上升趋势。

与短线投资不同，中线投资要求投资者选择一些上升空间较大的个股进行波段操作，最佳状态是在波段形成初期介入，而在波段结束时退出，力图将整个波段的绝大多数涨幅纳入囊中。

通常，中线投资是在波段上行趋势确立时买入，只要波段趋势向上，就一直持股。中线投资跟踪波段趋势以观察周线为主，以观察日线为辅。在5周均线走平，有向下运行趋势时，就要择机卖出。

（三）长期风险管理

作为投资者，从总的方面来看，长线投资周期是一个完整的经济周期或上市公司的成长周期，长期投资的根本目的是获取投资收益及资本增值。最佳状态是吃到一个完整周期的绝大部分涨幅，关键是对股价上涨过程中的中小幅波动置之不理。

所以，对于长线投资，要注意以下三个方面：

1. 在投资前

要对将要进行长线投资的上市公司进行充分的调查研究，对公司有较为透彻的了解，选择成长性好的公司。

2. 操作过程中

一般在股价尚处于相对低位时买入，或股价处于上升趋势的回调过程中逢低买入。

3. 买入后

买入后，要长期跟踪公司的经营发展状况和行业动态。

很多初学者在不了解长线投资的时候，往往认为长线投资就是静等股市周期的波动，全仓投入后不需要像短线投资那样看盘和盯盘，事实上这是错误的。

对于资金量不大的长线投资者，分批买入才是最适当的选择，其中最常用的方法是著名的"金字塔"法。

在股市的实际操作之中，一次性重仓介入某一只股票，承受的风险比分散投资要大，比逐级分批建仓承担的风险也大。对中小投资者以及一些机构大户来讲，"金字塔"式的逐级建仓方式可以更好地化解风险，保障收益。

（1）在买点出现时，先买入计划资金的30%。这部分资金有试仓作用，用于验证自己决策是否正确。

（2）买入后跟踪股价运行趋势，在发现股价运行趋势与自己所预想的一致，第一次买入的正确性得到验证后，再寻找适当低位买入计划在该股上配置资金的50%。若是发现第一次买入后股价的运行趋势方向恰好与自己预期的方向相反，将不再买入，并在第一次买入资金产生的亏损达到设定的止损线时止损出局。

（3）如果股价的运行方向仍沿着预期的方向运行，股价又上了一个台阶，第一次和第二次买入的资金已经安全了，再寻找适当低位买入剩下的20%的资金。

五、了解牛市与熊市

道·琼斯根据美国股市的经验数据，总结出牛市和熊市的不同市场特征，认为牛市和熊市可以各自分为三个不同时期。

（一）什么是牛市

所谓牛市，即指多头市场，证券市场行情普遍看涨，股票市场上买入者多于卖出者，大升市延续的时间较长。

（二）牛市的三个时期

1. 牛市第一期

牛市第一期与熊市第三期有一部分重合，往往是在市场最悲观的情况下出现的。大部分投资者对市场心灰意冷，即使市场出现利好消息也无动于衷。很多人开始不计成本地抛出所有的股票，有远见的投资者则通过对各类经济指标和形势的分析，预期市场情况即将发生变化，开始逐步选择优质股买入，市场成交逐渐回升。经过一段时间后，许多股票已从盲目抛售者手中流入理性投资者手中。市场在回升过程中偶有回落，但每一次回落的低点都比上一次高，不断吸引新的投资者入市，整个市场交投开始活跃。这时，上市公司的经营状况和公司业绩的好转、盈利的增加开始引起投资者的注意，进一步刺激人们入市的兴趣。

2. 牛市第二期

牛市第二期的市况虽然明显好转，但熊市的惨跌使投资者心有余悸。中场出现一种非升非跌的僵持局面，但总的来说大市基调良好，股价力图上升。这段时间可维持数月甚至超过一年，时间的长短主要由上次熊市对投资者心理打击的程度而定。

3. 牛市第三期

经过一段时间的徘徊后，股市成交量不断增加。越来越多的投资者进入市场。大市的每次回落不但不会使投资者退出市场，反而会吸引更多的投资者加入。市场情绪高涨，充满乐观气氛。此外，一些利好的新闻也不断传出，如盈利倍增、收购合并等。上市公司也趁机大举集资，或送红股或将股票拆分，以吸引中小投资者。在这一阶段的末期，市场投机气氛极浓，即使出现坏消息也会被作为投机热点炒作，变为利好消息。垃圾股、冷门股均出现大幅上涨，而一些稳健的优质股反而被忽视。同时，炒股热席卷社会各个角落，各行各业的人加入了炒股大军。当这种情况达到某个极点时，市场往往就会出现转折。

（三）什么是熊市

所谓熊市，也称空头市场，股市行情萎靡不振，成交量大幅萎缩，市场普遍看淡，延续时间相对较长。2008 年就是一个典型的熊市，虽然在这期间管理层频频出台各种利好政策，但股市仍然下跌。成交额不断缩小，无热点板块炒作，入市人数减少。

（四）熊市的三个时期

1. 熊市第一期

熊市第一期的初段就是牛市第三期末段的一部分，往往出现在市场投资气氛最高涨的时候，投资者对后市变化完全没有戒心，市场上到处散布着一些所谓的利好消息，公司的业绩和盈利达到了"顶峰"。正当绝大多数投资者疯狂沉迷于股市升势时，一部分投资者已开始将资金逐步撤离市场。此时，市场的交投虽然十分炽热，但已有逐渐降温的迹象。这时，如果股价再进一步攀升，成交量却不能同步放大，大跌就有可能出现。而当股价出现下跌时，许多人仍然认为这种下跌只是上升过程中的回调，其实，这是熊市的开始。

2. 熊市第二期

这一阶段的股票市场一有风吹草动，就会触发恐慌性抛售。一方面，市场上热点太多，一部分想要买进的投资者因难以选择而处于观望状态；另一方面，更多的人开始急于抛售。在允许进行信用交易的市场中，从事买空交易的投机者遭受的打击更大，他们往往因偿还融资的压力而被迫抛售，于是股价出现急跌。由于经济环境的现状尚未达到如此悲观的地步，于是市场又出现了回升，这一轮中期性的反弹可能维持几个星期或者几个月，反弹的幅度一般为整个市场总跌幅的 30% ～ 50%。

3. 熊市第三期

经过一段时间的中期性反弹以后，经济形势和上市公司的前景趋于恶化，各种真假难辨的利空消息接踵而至，对投资者信心造成进一步打击。这时，整个股票市场弥漫着悲观的气氛，股价继反弹后出现了较大幅度的下挫。

在熊市第三期中，股价持续下跌，由于那些质量较差的股票已经在第一期、第二期熊市中跌得差不多了，再大跌的可能性不大。这时，由于市场信心不足，下跌的股票集中在业绩一向良好的蓝筹股和优质股上。这一阶段正好与牛市第一阶段的初期吻合，有远见的投资者会认为这是最佳的吸纳机会，便购入一部分低价优质股待大市回升。

一般来说，牛市经历的时间要比熊市短，大约只占熊市的 30% ～ 50%。不过每个熊市持续的时间都不尽相同，因市场和经济环境的差异会有较大的区别。回顾 2006 ～ 2009 年，我国上海、深圳证券交易所经历了股价的大幅涨跌变化，就是一次完整的由牛转熊，再由熊转牛的周期性过程。

（五）多空双管齐下

操作股票时，不要总是做空头或做多头。其实，在真正炒股时，股民既要做多头，又要做空头。

在一波大牛市中，顺势而为做多头当然是对的，但是，再强劲的多头行情也总有结束的一天。在大牛市中，多头尝尽了甜头，强大的思维惯性使得在大牛市中的多头情结达到极致，似乎股市只会上升而不会下跌。即使下跌真的来临了，死多头也视而不见，认为这只是牛市中简单的调整，以至于在反弹出货的良机到来时仍然死抱股票不放手。

而到了熊市中，股市一跌再跌，多头们个个都被市场教训得鼻青脸肿，空头们则躲在一旁看笑话，股价被腰斩之后再腰斩。在此期间，空头千万别忘了在合适的时机杀回股市，毕竟再大的熊市也有跌到头的一天。

在多头市场运行了一大段时间，股指有很大的升幅之后，这时就应逐渐将多头思维扭转为空头思维。具体地说，就是建仓的胆子要小一些，因为此时套牢的风险远远大于踏空的风险。反之，在空头市场运行了较长时间，股指有较大跌幅之时，就应逐渐转为多头思维，此时建仓的胆子要大一些，因为此时一波好的行情很有可能到来。这就是股市中所谓的"牛小心"与"熊大胆"。

第二章

操盘概要

一、操盘的四大原则

（一）预留原则

无论别人跟你"透露"了多么真实的股市信息，都不要把所有的家当全部用来投资，在任何时候、任何情况下，都应该保留一部分作为积蓄和家庭的日常开支，即使富有的家庭也应如此。股市瞬息万变，不能因为股票影响正常的生活，用房子、车子作抵押炒股更是不明智的做法。平常的工资收入要存一部分，从股市中赚取的利润也要存一部分，这样即使遇到股市较大的动荡，也不会有过于严重的后果。

（二）独立原则

偏听则暗，兼听则明。尽量不要听信他人所谓的内幕消息，应着重做好技术分析和相关研究工作，不必把精力都浪费在打听内幕消息上。如果听信内幕消息失败了，懊恼悔恨不说，有可能与他人产生纠纷；如果听信内幕消息赚了一笔钱，也只是一时的获利，对你的投资水平和技术没有任何提升。巴菲特曾说过：有了足够的内部消息，再加上100万美元，你可能会在一年内破产。世界上一些顶尖的投资家，也曾经因为内幕消息蒙受巨大的损失。但是，参考别人推荐的个股，自己进行重点分析研究，还是非常必要的。

（三）顺势原则

股市讲究顺势而为，在牛市中要满仓操作，而在熊市中要以观望为主，少动多看。顺势原则强调的是不要以侥幸的心态对待市场，市场的发展方向是众多投资者合力的作用，不以某个人的思维和手法为转移。因此，当你感到你所购买的股票不能按照你的预期发展时，你应该及时认赔出场，此时不能抱有侥幸心理，一味地赌自己的运气。

（四）放弃原则

优秀的操盘手等待胜算最大的机会，当市场没有提供非常好的交易机会时，他们往往选择暂时不进场。因此，胜算不高，机会不大时，不要轻易介入，更不要重仓介入，除非有极大把握时才重仓介入。

二、操盘的核心法则

掌握以下八个操盘核心法则，作为你技术分析的验证，帮助你得到确切的结果。

1. 大势研判法则

（1）大盘处于上升周期的初期——利于选股买入。

（2）仔细研究个股的基本资料，剔除一部分绩差的股票。

（3）关注宏观经济政策在最近一段时期的倾向。政策倾向于哪一个板块，就在该板块中确定 5 个左右的绩优股备选。

2. 中线地量法则

（1）OBV（平衡交易量）稳定向上不断创出新高。

（2）地量出现，在当日收盘前 10 分钟逢低分批介入。

（3）短线以 5% ～ 10% 为获利出局点。

（4）中线以 50% 为出货点。

3. 短线天量法则

（1）选择近日底部放出天量、日换手率连续介于 5% ～ 10% 的个股。

（2）5 日、10 日、20 日均线出现多头排列。

（3）60 分钟 MACD（平滑异同移动平均线）高位死叉后缩量回调，15 分钟 OBV 稳定上升，股价在 20 日均线之上走稳。

（4）在 60 分钟 MACD 再度出现金叉时分批逢低进场。

（5）短线获利 5% 以上逢急拉派发。

（6）一旦大盘突变立即保本出局，以利再战。

4. 强势新股法则

（1）关注基本面良好、具成长性、流通盘在 6000 万元以下的新股。

（2）上市首日换手达 70% 以上，或当日大盘暴跌，次日跌势减缓，以大阳线报收。

（3）选择天量法则买点介入或创新高买入。

（4）获利 5% ～ 10% 出局。

（5）止损位设为保本价。

5. 成交量法则

（1）成交量有助于确认趋势的反转，高位放量长阴线是顶部的迹象；而极度萎缩的成交量说明抛压已经消失，往往是底部的信号，即股市中常说的价稳量缩才是底。

（2）个股换手率持续超过 5%，是主力活跃其中的明显标志。短线成交量大，股价具有良好的弹性，可寻求短线交易的机会。

（3）个股经放量拉升、横盘整理后无量上升，是主力筹码高度集中，控盘拉升的标志，此时成交极其稀少，是中线买入的良机。

（4）如遇突发性高位巨量长阴线，情况不明时投资者要立即出局，以防出现重大利空消息导致崩溃性下跌。

6. 不买下降通道的股票，要敢于买入创新高的股票

（1）不需要猜测下降通道股票的底部，它可能根本没有底。

（2）下跌的股票一定有下跌的理由，存在的就是合理的，尽管有很多人觉得它已经很便宜了，但也不要去碰它。

（3）大部分的人不敢买创新高的股票，因此，他们也总抓不住大黑马和创新高的龙头股。

7. 勇于止损

（1）亏钱时须当止损必止损，因为前面可能是个更大的深渊。

（2）一旦出现与预想不同的情况，宁可错失一次机会也要果断止损出局，保持资金的自由，耐心等待下一个交易机会。

（3）不设止损点不买股。

8. 多次买入一次卖出

（1）确定目标股票后结合盘口走势，试探性买入，趋势确立后再逐渐加码，不可一次性满仓买入，避免因分析不全面而导致太大损失。

（2）到达目标位则一次性了结，不可拖泥带水，贻误下一次交易机会。

三、操盘计划的制订

（一）制订持股的操盘计划

为已经买入的个股制订操盘计划包括以下内容：

（1）初步预测大盘次日走势，分析次日大盘阻力位在何处，对已买个股同样做出预测和分析。

（2）对该个股是否卖出，卖出价位区间等事项制订操作计划。

（3）如果大盘、个股走势均强，考虑是否加仓。

（4）如果大盘、个股走势均弱时要设立止损位。

（二）制订买股的操盘计划

买入个股制订操盘计划一般应包括以下内容：

（1）初步预测大盘次日走势，分析大盘概况，做出初步预测。

（2）对欲买个股的次日走势做出初步预测。

（3）分析个股在突破何点位时可以介入。

（4）买点可能出现的时间估计。

（5）该股的上档阻力位在何处，上涨空间多大。

（6）如果选择介入，应该为该股分配多少资金。

（7）持有该股的时间。

四、操作标准程序

为每一项工作设定程序的目的是为了熟能生巧。对于操盘来说也一样，看似杂乱无章、无不带点赌性的操盘工作，也有自己的一套标准化程序。对于初入市的投资者来说，更有必要了解这些。

操盘是一项具有风险的投资活动，标准的程序步骤对指导自己的行为是非常有必要的（对短线投资者意义较大，对长线投资者作用不太明显）。

（一）选买阶段

投资者短线参与的大多数都是强势股，他们的目的是把此时快速上升的大多数中大阳线吃掉，迅速获取利润，一旦个股势弱，就马上减仓或者全部卖出。大部分投资者都习惯通过观察日 K 线的走势和形态后，再配合其他技术指标验证分析，从而得出结论。

1. 准备工作

以下两步是操盘准备工作，锻炼操盘者的基本功，需要提前完成。

（1）观察日 K 线图，寻找表现较好的个股。

① 均线系统呈现多头排列。

② 20 日均线向上，股价处于 20 日均线上方，5 日、10 日均线陡峭上扬。

③ 近几日最好未出现过大阴或者大阳的 K 线。

④ 前期出现放量后又缩量的现象，现在正处于放量过程中。

⑤ MACD 出现红柱并加长，KDJ 刚刚出现金叉或 K 值大于 D 值。

⑥ 乖离率不大，股价与 20 日均线的乖离率小于 10% 为佳。

⑦ 与强阻力区的空间大于 15%，或股价已创新高，上方无套牢筹码。

⑧ 离趋势上轨尚有足够空间。

（2）用周 K 线图验证其是否助涨。

① 周均线系统助涨，5 周均线趋势向上。

② 周 MACD 出现红柱（即 DIF 大于 DEA），且红柱有加长趋势。

③ 周 KDJ 的 K 值大于 D 值或刚刚出现金叉。

④ 5 周均量线趋势向上。

2. 寻找买点

（1）查看大盘趋势。

① 大盘 MACD 为红柱且未出现缩短趋势，KDJ 的 K 值大于 D 值。

② 大盘的 5 日均线向上，指数位于 5 日均线上方。

③ 大盘未出现滞涨的 K 线组合。

④ 计划买入的当日大盘较为强势，预计后市走势不会出现大跌，走势较弱则不买。

（2）从分时走势上寻找买点。

① 从自选股中寻找创出新高的，也可按照涨速排序或涨幅排序寻找买点。

② 个股买点出现前，上涨时连续放量，下跌时缩量，量最大时创出新高。

③ 股价位于均价线上方且均价线始终向上。

（3）买点出现时，再从 60 分钟 K 线图上复查上升动能是否充足。

① 5 单位均线和 10 单位均线陡峭向上，20 单位均线紧紧跟随（1 单位 = 60 分钟）。

② 连续出现阳线，或阳线居多，形态良好，未出现滞涨的 K 线组合。

③ MACD 红柱加长，KDJ 的 K 值大于 D 值。

④ 5 单位和 10 单位均量线都上扬。

⑤ 对于符合上述所有条件的个股，在买点出现时，尽快买入。

（4）买入当日，在收盘后查看该股的相关资料，并制订好次日操盘计划。

（二）持股阶段

（1）观察股价走势是否与预期相符。

① 如果股价继续走高，并与预期相符，则持股。

② 如果与预期走势相反或相差较大，则应卖出。

（2）检查 K 线形态。

① 如果出现趋势同向的 K 线，且与前一日 K 线形成连续推进、加速推进或上升中继形态，则持股。

② 如果出现趋势异向的 K 线，但与前一日 K 线未形成滞涨的 K 线组合，可谨慎持股。

（3）检查成交量。

① 如果出现成交量温和放大，股价继续走高，则持有。

② 如果出现成交量巨幅放大，股价滞涨，则应特别小心。

③ 如果出现成交量减少，股价小幅震荡，则谨慎持股，继续观察。

④ 如果出现成交量小幅减少，股价下跌较多，形态已坏，则进入卖出程序。

（4）检查 MACD、KDJ 等指标。

① 如果 MACD 红柱随股价上扬而加长，则持股。

② 如果 MACD 红柱随股价上扬而不再加长，出现背离，则谨慎持股，继续观察。

③ 如果 MACD 红柱快速缩短，且 KDJ 中的 K 线与 D 线产生死叉，则进入卖出程序。

（三）加仓阶段

通过以上一段时间的观察—分析—再观察—再分析，我们对已经买入个股的情况和条件已经基本清楚，如果各方面条件都俱备，可以考虑适时加仓。

（四）卖出阶段

走势比较强的个股，如果从短期良好的技术指标发展成长期技术指标也比较良好，则证明此个股已经走强到一定程度，一般来说，不用急于卖出。

通常，个股走强是从短周期的各项技术指标走好开始，然后带动稍长周期的技术指标，最后带动更长周期的技术指标。但是，我们却不知道本次走强能持续多长时间，上涨的空间有多大。所以，只有个股的走强达到一定的程度，较长周期上的上涨可以确定时才能介入。对于短线投资者来讲，只有在日线周期上走好，周线周期也有走好的迹象时（至少周线周期的各项指标不会拖累日线周期的上涨时），才值得介入。周期太短，买入后虽有上涨，但如上涨无法持续到当日收盘，或上涨空间太小，也无利可图。

同理，个股走弱，也是从短周期开始，然后带动较长周期各项指标走弱，最后引起更长周期的指标走弱。从短线买入的次日开始，我们就得时时跟踪，寻找卖出信号。个股走弱时，我们仍然不知道这次走弱的时间长短和下跌的空间，如果只是时间非常短的调整，可以置之不理，没有股票是不停地上涨的，但只要个股走弱达到一定程度，并且可能引起更长时间和更大幅度的下跌时，就要出局观望。

卖出阶段具体应关注以下几个方面：

（1）从分时走势图上查验是否走弱。

① 在个股的分时走势图上，股价连续两波处于均价线下方，就要引起足够重视。

② 查看均价线的方向，是否始终向下。

③ 查看股价在靠近均价线时，是否总是受均价线控制。

④ 查看分时走势图上的成交量，是否上涨时量能并未放大，而下跌时，却偶尔有大单压低几个价位出逃。

⑤ 查看是否早盘成交量巨大，随后在成交量大幅缩小时，股价迅速跌破均价线。

（2）从实时行情信息中查验此次走弱的真伪。

① 查看挂单情况，上涨时上方是否总有大卖单挂出，且盘中常有撤单现象。

② 查看是否有主力故意打压股价，暗中吸筹迹象，或下档挂大单托价，隐性卖单出货。

③ 查看内外盘，是否内盘大于外盘。

④ 查看量比，量比是否大于1。

（3）从60分钟K线图上查验是否走弱。将60分钟K线图上的均线参数设为：4、8、12、20、40、80，它们分别代表 1、2、3、5、10 和 20 个交易日。
步骤如下：

① 查看是否出现滞涨的 K 线组合。

② 查看均线系统 8 单位均线和 12 单位均线是否产生死叉，20 单位均线是否走平向下，一旦出现这种情况，会引起更长时间的下跌。

（4）从日 K 线图上验证是否走弱。

① 出现中大阴线或长上影 K 线等。

② 5 日均线走平或向下。

③ 股价与 20 日均线的乖离率很大。

④ MACD 红柱缩短。

⑤ KDJ 的 K 线与 D 线产生死叉。

⑥ BOLL 线上出现卖出信号。

———————————— 本部分操作提示 ————————————

　　股票和股市的各种知识是炒股的基础，要想进入股市，必须要通晓股市的各种知识，学会对各种股票及其形态进行分析研究，才能了解和预测股价的走势，从而做出正确的投资决策，降低投资的风险。

第二部分

如何看盘与解盘

第三章

看盘入门知识

一、学会看大盘走势图

（一）大盘分时走势图

大盘分时走势也可以称为即时走势，它是把股票市场的交易信息实时地用曲线在坐标图上加以显示的图形。如果用坐标来表示，那么坐标的横轴表示的是时间，纵轴的上半部分表示的是指数点位，下半部分显示的是成交量。分时走势图是股市现场交易的即时资料。如图 3-1 所示。

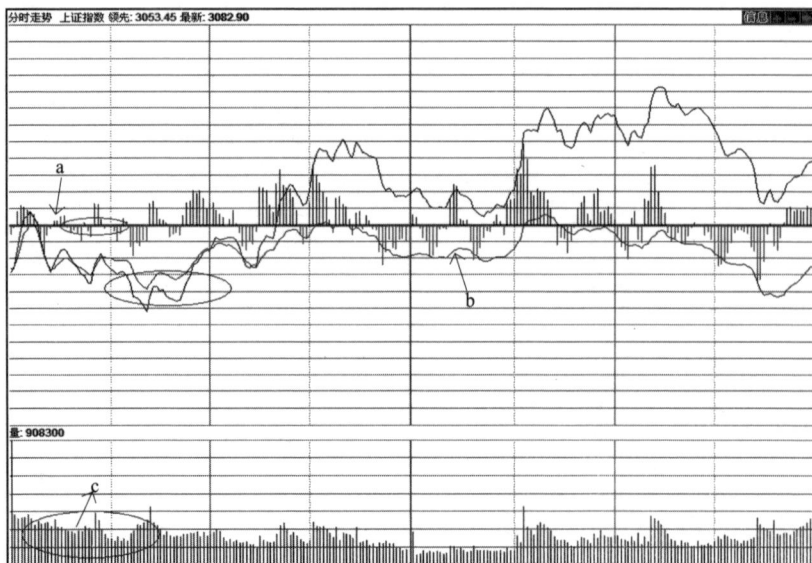

图3-1　大盘分时走势图

1. 粗横线

粗横线表示上一个交易日指数的收盘位置（图3-1a）。它是当日大盘上涨与下跌的分界线，上方是大盘的上涨区域，下方是大盘的下跌区域。

2. 白色曲线和黄色曲线

白色曲线表示上证交易所对外公布的通常意义上的大盘指数，也就是加权指数，而黄色曲线是不考虑股票的权重，它是将所有股票对上证指数的影响同等对待的不含加权数的大盘指数（图3-1b）。

一般来说，当指数上涨，黄色曲线在白色曲线走势之上时，表示发行数量少（流通盘小）的股票涨幅较大；而当黄色曲线在白色曲线走势之下，则表示发行数量多（流通盘大）的股票涨幅较大。

当指数下跌时，如果黄色曲线仍然在白色曲线之上，这表示小盘股的跌幅小于大盘股的跌幅；如果白色曲线反居黄色曲线之上，则说明小盘股的跌幅大于大盘股的跌幅。

3. 黄色柱状线

黄色柱状线表示每分钟的成交量（图3-1c）。最左边一根长的线是集合竞价时的交易量，其后是每分钟的成交量。成交量大时，黄色柱状线就拉长；成交量小时，黄色柱状线就缩短。

（二）大盘K线走势图

K线又称蜡烛图、日本线、阴阳线、棒线等，为了满足不同的需要，K线图又可以细分为5分钟、15分钟、30分钟、60分钟K线图以及日K线图、周K线图和月K线图等。各种K线图所绘制的方法有相同之处，单根K线是以每个分析周期的开盘价、最高价、最低价和收盘价绘制而成。以绘制日K线为例，首先确定开盘和收盘的价格，它们之间的部分画成矩形实体。如果收盘价格高于开盘价格，则K线被称为阳线；反之，称为阴线。在国内的股票和期货市场，通常用红色表示阳线，绿色表示阴线。

我们以日K线图为例来解释如何看懂大盘K线走势。

从图3-2中可以看到三个部分，上部是日K线走势图，中部为成交量图形，底部是技术指标图形，这个技术指标是可以选择的。

1.（图中所指相应内容）表示技术指标周期

如图3-2a处所示，该处表明技术指标的周期，日线表示整幅图的变动都是以天为单位的。图中所看到的K线走势图就是日K线走势图，成交量也是

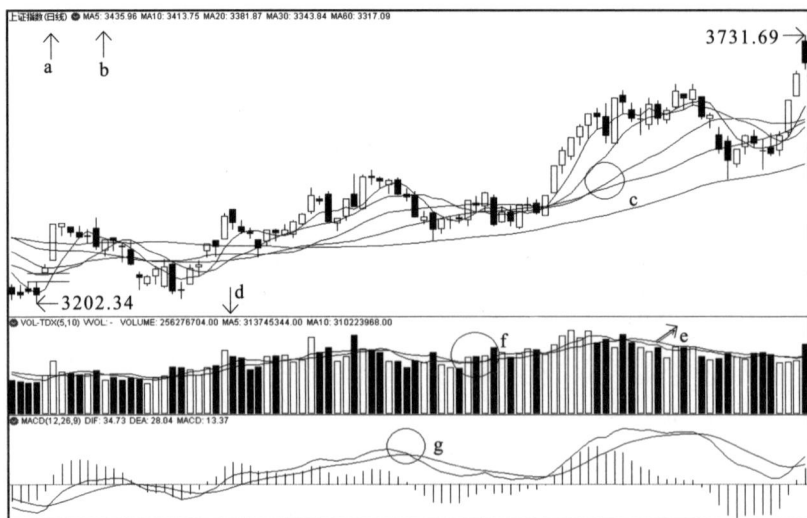

图3-2 大盘K线走势图

日成交量，指标（各种技术分析指标）走势图也是日走势图。如果本栏中显示的是月线，则表示整幅图的变动都是以月为单位的，图3-2中所看到的K线走势图就是月K线走势图，成交量就是月成交量，技术指标走势图也是月走势图。其他情况可以依此类推。

2. 均价线采样

图3-2b处显示了5个不同时间周期的移动平均线在某一天的数值。本处"MA5：3435.96"表明该图所显示的最后一个交易日的上证指数5日移动平均线位于3435.96点。

3. 移动平均线走势图

一般设5条移动平均线，分别用不同颜色表示（图3-2c处）。这5条移动平均线可以是5日、10日、20日、30日、60日移动平均线，这在"均价线采样"处有明确提示。

4. 均量线显示栏

图3-2d处显示了当前两种不同时间周期的均量线在某日内的数值。图中显示"MAVOL5：256276704"，表示图中最后一个交易日的5日平均交易量是256276704手。

5. 均量线

均量线是一定时期成交量的算术平均值的连线形成的曲线。它是依据移动平均线的原理，以成交量平均数来研判行情趋势的一种技术指标，又称成交量均线指标（图 3-2e 处）。

6. 成交量柱体

图 3-2f 处绿色柱体表示大盘指数收阴时每日、每周或每月的成交量，红色柱体表示大盘指数收阳时每日、每周或每月的成交量。

7. 常用技术指标图形显示栏

如图 3-2g 处所示，这一栏可以根据需要选择技术指标，如 DMI、MACD、RSI、SAR、KDJ 指标等。

二、学会看个股走势图

看懂个股的走势图，是看盘的基本功。个股的走势图包括个股分时走势图和个股 K 线走势图。

（一）个股分时走势图

个股分时走势图是把个股的市场交易信息实时地用曲线在坐标图上加以显示形成的图形。坐标的横轴是时间，纵轴的上部分显示的是股价，下部分显示的是成交量。如图 3-3 所示。

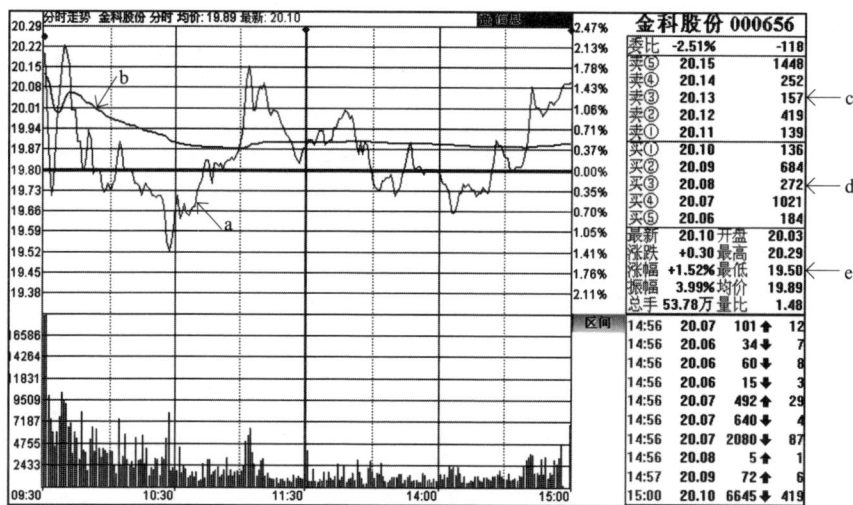

图3-3　个股分时走势图

1. 分时价位线

白色曲线是分时价位线，表示这一只股票的分时成交价格（图 3-3a）。

2. 分时均价线

黄色曲线是分时均价线，表示这一只股票的平均价格。它是以从当日开盘到现在时刻的平均交易价格曲线（图 3–3b）。

3. 卖盘等候显示栏

如图 3–3c 处所示，这一栏中的卖①、卖②、卖③、卖④、卖⑤表示依次等候卖出顺序。按照"价格优先，时间优先"的原则，谁卖出的报价低谁就排在前面；如卖出的报价相同，谁先报价谁就排在前面，由计算机自动计算。卖①、卖②、卖③、卖④、卖⑤后面的数字为价格和等候卖出的股票手数。

4. 买盘等候显示栏

如图 3–3d 处所示，这一栏中的买①、买②、买③、买④、买⑤表示依次等候买进顺序，与等候卖出相反，谁买进的报价高谁就排在前面；如买进的报价相同，谁先报价谁就排在前面。

5. 成交价格、成交量显示栏

如图 3–3e 处所示，这一栏有 10 个内容，我们按照横排的顺序一一说明。

（1）最新，即当前买卖双方成交的价格。

（2）开盘，即当日的开盘价。

（3）涨跌，即当日该股上涨和下跌的绝对值，以"元"为单位。

（4）最高，即开盘到现在买卖双方成交的最高价格。收盘时"最高"后面显示的价格为当日成交的最高价格。

（5）涨幅，即当日成交到现在时刻的上涨幅度。如果当日股价下跌，则是"跌幅"。

（6）最低，即开盘到现在买卖双方成交的最低价格。收盘时"最低"后面显示的价格为当日成交的最低价格。

（7）振幅，即当天的最低价到最高价之间的震荡幅度。

（8）均价，即成交的平均价格。

（9）总手，即当日开盘到现在为止的成交总量。

（10）量比，是衡量相对成交量的指标，是开市后每分钟平均成交量与过去 5 个交易日每分钟平均成交量之比。其计算公式为：

量比＝现在成交总手数 / 现累计开市时间（分）/ 过去 5 日平均每分钟成交总手数

6. 综合信息通栏

如图 3–3f 处所示，这一栏中简要反映了该股票的相关信息。

其中"换手"就是换手率，"股本"就是该上市公司的总股本，"净资"就是每股的净资产价格，"流通"就是总的流通量，"收益（一）"就是一季度每股的收益，"PE（动）"就是动态市盈率。

7.最近几分钟成交显示栏

如图 3-3g 处所示，这一栏可以显示当前最近几分钟连续数笔的成交情况，即什么时候以什么价位成交，成交手数是多少。

（二）个股K线走势图

通过个股K线走势图可以全面而又细致地分析股票，初学者要多观察并揣摩其含义。如图 3-4 所示，南方航空（600029）日K线走势图，供投资者学习分析，方法可以参阅"大盘K线走势图"和"个股分时走势图"。

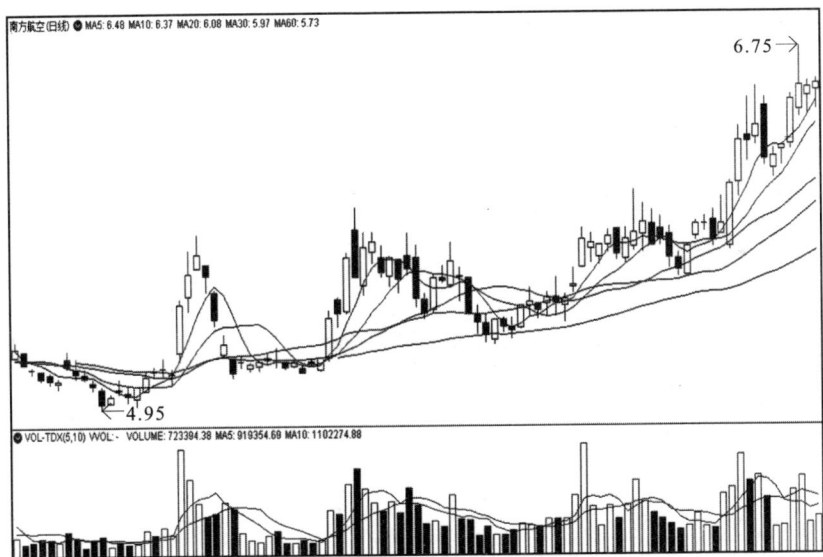

图3-4　南方航空日K线走势图

三、学会看成交量

成交量就是指在一段时间内股票的买卖成交数量。观察大盘和个股的成交量是学会投资的一项基本功。

（一）观察大盘成交量

观察大盘的成交量时，主要有以下一些内容：

1.成交金额

在看盘的过程中，不仅要观察，还要学会估算当天全天的成交金额，以便研判当天与未来的走势，尤其是在成交量出现异常放大的情况下。通常采用以下公式估算当天全天的成交金额：

当天成交金额＝已成交金额／已交易时间（分钟）×240

2. 成交手数

成交手数也是观察大盘成交量的重要数据。

3. 成交量的比较

一般来说，把近几天的成交量进行对比，从中可以判断大盘处于缩量还是放量。

4. 量价关系

量价关系就是成交量和股价的关系，如果成交量与股价是同向变化，即价升量增或者价跌量缩是合理的。但是，如果出现成交量与股价相背离的情况，即价升量缩或者价跌量增，则意味着大盘出现调整的概率比较大。

5. 沪深两市的关系

沪深两市的关系指两个市场的成交量的相对关系。如果深市的成交量大于沪市，就是深强沪弱，反之就是沪强深弱。新股民要根据当时的情况进行分析，从深沪股市成交量的差异分析出大盘的走势。

（二）观察个股的成交量

通常，从大盘的成交量来分析判断整个股市的走向，从个股的成交量分析进行选股并把握买卖的时机。

观察个股的成交量，不仅要关注成交金额、成交手数、成交量的比较、量价关系，还要观察换手率。

换手率也称"周转率"，是指在一定时间内市场中股票转手买卖的频率，是反映个股流通性强弱的指标之一。

换手率的计算公式为：

换手率＝某一段时期内的成交量／流通股数×100%

例如，某只股票在1天内成交了3000万股，而该股票的流通股本为2亿股，则该股票这天的换手率为15%。

观察换手率时，应该引起重视的是换手率过高和过低时的情况。过低或过高的换手率在多数情况下都预示股价要变盘。如果是做短线就一定要注意当日的换手率，一般情况下，换手率在3%以上，个股就处于一个相对活跃的阶段，短线机会相对增加。

四、学会看排行榜

无论是身经百战的操盘高手，还是初学炒股的新手，排行榜都应是非常重视的信息。像涨跌幅排行榜、成交量排行榜、成交金额排行榜、量比排行榜等都是常用的排行榜。它们能清晰直观地反映个股目前的走势，帮助我们做出进一步的判断。

1. 涨跌幅排行榜

涨跌幅排行榜以股票涨跌幅度进行排序，涨幅由高到低排序的是涨幅榜，跌幅由高到低排序的是跌幅榜。

涨跌幅是指当前交易日最新成交价（或收盘价）与前一交易日收盘价之差的比值，一般用百分比表示。当日最新成交价比前一交易日收盘价高为正，当日最新成交价比前一交易日收盘价低为负。其计算公式为：

$$涨跌幅=［当前最新成交价（或收盘价）-R］/R×100\%$$

式中：R 表示前一交易日收盘价。

涨幅榜第一版显示的是涨幅最大的一批股票，而最后一版是涨幅最小，或者说跌幅最大的一批股票，跌幅榜则相反。

2. 成交量排行榜

成交量排行榜就是股票在一定时期内成交总量的排行。成交量排行榜是发现短线投资机会的一种很适用的工具。

3. 成交金额排行榜

成交金额排行榜是以股票的成交金额排序，排在最前面的成交金额最大。从排在前面股票的名单中，投资者可以判断出当天市场资金主要集中流向哪些股票，从而判断市场的热点。

4. 量比排行榜

量比的含义是此时的成交量与 5 日均量此时的比值，为盘口数据中很重要的因素之一。

在股价处于低位运行，同时量比明显放大，则表明成交量发生了质变，有增量资金流入，投资者可以跟进；股价运行在高位的，量比放大，表明筹码发生了质变，此时存量资金在抽离，投资者应果断离场。

第四章

如何解读盘口语言

一、开盘后的几种走势

（一）先涨后跌再涨

（1）开盘在前一日收盘价的基础上，冲高回档时未能低于开盘价，再一次上涨时创出了新高。这显示多头攻击的力量很大，最后以阳线报收的可能性大。

（2）开盘在前一日收盘价的基础上，冲高回档时未能低于开盘价，再一次上涨时并没有创出新的高点，则说明多头力量不足，只是稍占优势，一旦出现有力的下挫，收阴的可能性较大。

（3）开盘在前一日收盘价的基础上，冲高回档时低于开盘价，再一次上涨时创出了新的高点。这显示多空双方之间的分歧比较大，当天的振幅也会相对较大，但最终以阳线报收的可能性大。

（4）开盘在前一日收盘价的基础上，冲高回档时低于开盘价，再一次上涨时无法创出新高。这显示空头力量过大，当天所面临的调整压力较重，一旦出现冲高无力的情形，马上就会出现急挫的现象，当天的振幅也会相对较大。

（二）先跌后涨再跌

（1）开盘在前一日收盘价的基础上出现了下跌，反弹时未能高于开盘价，再一次下跌时创出了新低，这显示空头的攻击力量很大，最后以阴线报收的可能性大。

（2）开盘在前一日收盘价的基础上出现了下跌，反弹时未能高于开盘价，再一次下跌时却没有创出新低。说明了空头力量不足，只是稍占优势，一旦出现有力的上扬，则收阳的可能性较大。

（3）开盘在前一日收盘价的基础上出现了下跌，反弹时却高于开盘价，再一次回落时又创出了新低。这显示多空双方的分歧比较大，当天所出现的震荡幅度也相对较大。但是，尾盘最终可能在较低的位置以阴线报收。

（4）开盘在前一日收盘价的基础上出现了下跌，反弹时却高于开盘价，再一次回落时没有创出新的低点。这显示多头力量过大，当天所面临的下档支撑较大，一旦出现下探无力的情形，马上就会出现急升的现象。只有在底部得到了足够的支撑，才可能出现冲高。

（三）先涨后跌

（1）开盘在前一日收盘价的基础上出现上涨，回落时却未能低于开盘价。这显示着多头主力的攻击力量大，最后以阳线报收的概率较大。

（2）开盘在前一日收盘价的基础上出现上涨，下跌时创出了低于开盘价的价格。这显示着空头的攻击力量大，当天的振幅也相对较大，其下探的幅度也就较深。

（四）先跌后涨

（1）开盘在前一日收盘价的基础上出现下跌，反弹时却未能高于开盘价。这显示着空头的攻击力量很大，收阴的概率大。

（2）开盘在前一日收盘价的基础上出现下跌，反弹时却创出了高于开盘价的价格。这显示着多头的攻击力量相对较大，当天震荡幅度也会相对较大。如果它在相对较高的位置盘整之后，则有可能是空头主力在拉高出货，后市看跌。

二、挂单信息解读

（一）低迷期的大单

当股票长期处于低迷状态，某日股价启动，卖盘上挂出巨量抛单，买单则比较少，此时，如果有资金进场，将大卖单吃掉，表明是主力建仓动作。注意，此时的压单并不一定是有人在抛空，有可能是主力自己的筹码，主力在造量吸引散户注意。通常，大牛股在启动前就会时常出现这种情况。

（二）盘整时的大单

某只股在正常平稳的运行之中，某日突然被盘中出现的上千手大抛单砸至跌停板附近，随后又被快速拉起，或者股价被突然出现的上千手大买单拉升，然后又快速归位，这种情形表明有主力在其中试盘。主力向下砸盘，是在试探基础的牢固程度，然后决定是否拉升。该股如果一段时期总出现下影线，则上升的可能性大，反之，主力出逃的可能性较大。

1. 扫盘

在涨势中常有大单从天而降，将卖盘挂单连续悉数吞噬，即称扫盘。在股价刚刚形成多头排列且在涨势初期，若发现有大单连续地横扫了多笔卖盘时，则预示主力正大举进场建仓，此时是买入的绝好时机。

2. 隐性买卖盘

在买卖成交中，有的价位并未在委买、委卖挂单中出现，却在成交一栏里出现了，这就是隐性买卖盘，其中经常蕴藏着主力的踪迹。单向整数连续隐性买单的出现，而挂盘并无明显变化，一般多为主力拉升初期的试盘动作，或者是主力派发初期激活追涨跟风盘的启动盘口。一般来说，上有压板，而出现大量隐性主动性买盘（特别是大手笔），股价不下跌，则是大幅上涨的先兆。下有托板，而出现大量隐性主动性卖盘，则往往是主力出货的迹象。

3. 下跌后的大单

股价经过连续下跌，在其买①、买②、买③处常见大手笔买单挂出，这是绝对的护盘动作，但这并不意味着该股后市止跌了。因为在下跌市场中，股价护是护不住的。"最好的防守是进攻"，主力护盘，证明其实力欠缺，否则可以推升股价。此时，该股股价往往还有下降空间。但投资者可留意，因为该股套住了主力，一旦市场转强，这种股票往往一鸣惊人。

（三）无征兆的大单

无征兆的大单多是主力所为，如果有连续大单出现，则运行状态有可能被改变。股价处于低位，买单盘口中出现层层大买单，而卖单盘口只有零星小单，但突然盘中不时出现大单砸掉下方买单，然后又快速扫光上方抛单，此为主力在吸货震仓。

（四）买入和卖出的挂单

在盘面中不断有大挂单在卖②、卖③处出现，并且不断上撤，最后出现一笔大买单一口吃掉所有卖单，然后股价出现大幅拉升。主力此时这样做，一方面显示实力，另一方面引诱跟风者，二者合力形成共振，减少拉升压力。

有时买盘较小，买①、买②、买③处只有几十手，在卖单处也只有几十手，却不时出现抛单，而买①却没有明显减少，有时买单反而增加，且价位不断上移。此类股票如蛰伏于低位，可作中线关注。一般有此种表现的股票主力运作周期较长，且比较有耐心。

有时买单较多，而卖单较少。卖①价格被吃掉后又出现抛单，而买①不见增加反而减少，价位甚至下降。很快，出现小手买单将买①补上，但不见大单，反而在买③处有大单挂出。一旦买①被打掉，小单又迅速补上，买③处大单同时撤走。价位下移后，买②成为买①，而现在的买③处又出现大单（数量一般相同或相似）。如果此价位是高价位，则可以肯定主力正在出货：小单买进，大单卖出，同时对敲，维持买气。

三、盘中、尾盘的解读

（一）盘中的解读

早上 10 点以后，股市进入盘中阶段，此阶段股价的走势体现着控盘主力的操作意图。其运行状态一般有以下几种情况：

（1）个股低开高走。若探底拉升已经超过了跌幅的 50%，并且此时股价回调跌不下去，一般表示主力信心十足，可于昨日收盘价附近跟进。

（2）大市处于上升途中，个股若平开高走，回调不跌破开盘价，股价重新向上，表示主力做多坚决，待第二波高点突破第一波高点时，投资者应加仓买进。

（3）个股低位箱体走势，无论高开低走、低开平走、平开平走还是向上突破都可以跟进。若是高位箱体突破时，应注意风险。如果当日股价走势出现横盘，最好持观望态度，以防主力震荡出货。

（4）在大市处于低位时，个股如果出现 W 底、三重底、头肩底、圆弧底等情况，则无论其高开低走还是低开低走，只要盘中拉升突破颈线位，回调不破颈线时，可挂单买进。

（5）个股如形成三重顶、头肩顶、圆弧顶时，跌破颈线位时应果断卖出。

（6）大市下跌时，若个股低开低走，突破前一波低点，多是主力看淡行情，投资者应离场观望。

（7）股价升势中，若高开低走，两波反弹无法创出新高。此刻若放出大量，则表明主力利用高开吸引投资者跟风追涨，进行派发。

（8）大盘趋弱时，个股高开低走，反弹无法翻红时，投资者宜在无法翻红时获利了结，以免在弱势中高位被套。

（9）个股箱体走势下破箱体时，无论高开平走、平开平走还是低开低走，一旦箱体低点支撑位失守，显示主力已失去护盘能力，至少短线向淡，暗示新的一轮跌势开始，投资者应果断出局，在箱底卖出。

（二）尾盘的解读

尾盘的作用是对当日多空双方交战进行总结，决定次日开盘的情况，所以，临近收市半小时左右也是股票市场波动最大的时间段。在这个时间段内股价出现异动，则多是主力取巧操作的表现，因此，尾盘效应应格外重视。

判断次日走势的方法有以下三种：

1. MA 系统呈多头发散——涨势中

（1）尾盘价涨量缩，这种情形在涨势中多为高潮阶段时的惜售现象，次日股价通常多以跳空高开为主。

（2）尾盘急速下跌而成交量放大，次日一般以平开或高开方式开盘，这是主力或机构洗盘的特征。

（3）尾盘价涨量增，表示股市人气旺盛，看涨心态浓厚，次日一般以高开方式开盘。

2. MA 系统呈横盘整理——盘整中

（1）尾盘价跌成交量增大，次日一般以平盘或低开方式开盘居多，这种现象开盘往往代表上攻资金参与不积极，预示大盘将转入调整或下跌阶段。

（2）尾盘价涨量增，表明当日大盘攻势多方明显强于空方，次日一般以平开或高开方式开盘。

（3）突破关键关口时量与价俱增，说明多方信心十足，致使成交量与股价同步增加，次日一般以大幅高开方式开盘，然后走出高开低走回档盘整的走势。

3. MA 系统呈空头发散——跌势中

（1）尾盘价跌量缩。大市的跌势中出现价跌量缩，说明空方强于多方，次日将小幅低开开盘，再急速或逐步下跌。

（2）尾盘价涨成交量也放大，K 线收中阴，次日将以平盘方式开出，然后往下逐步下跌，或直接向下跳空下行。

（3）尾盘价涨成交量也放大，K 线是收小阴或小阳，若 KDJ 等指标处于低位，次日将以高开方式开盘，呈震荡反弹走势。

四、成交信息解读

（一）什么是成交量

成交量是指一段时间内某项交易成交的数量。一般情况下，成交量大且价格上涨的股票，趋势向好。当市场处于熊市或整理阶段，交投不活跃，成交量就会处于持续低迷状态。成交量是判断股票走势的重要依据，同时也为分析主力行为提供了重要的依据。

（二）成交量的形态

股票市场就是各方力量相互争夺的场所。虽然说成交量容易做假，控盘主力常常利用广大散户对技术分析的一知半解而在各种指标上做文章，但是成交量仍是较客观的要素。

1. 市场分歧促成成交

所谓成交，当然是有买有卖才会达成，光有买或光有卖就达不了成交。成交必然是一部分人看空后市，另外一部分人看多后市的分歧，才会促成成交。

2. 缩量

缩量是指市场成交清淡，大部分人对市场后期走势意见一致。这里面又分两种情况：一是市场整体都十分看淡后市，造成只有人卖，却没有人买，所以急剧缩量；二是市场整体都对后市十分看好，只有人买，却没有人卖，所以急剧缩量。缩量一般发生在趋势的中期，大家都对后市走势十分认同。下跌时出现缩量，当量缩到一定程度，出现放量上攻时投资者可以适当买入。上涨时缩量，投资者可以跟进，坐等股价上冲乏力，有巨量放出时再卖出。

3. 放量

放量一般在市场趋势发生转折的时候，市场中的各方力量对后市分歧逐渐加大，一部分人坚决看空后市时，而另一部分人却对后市坚决看好；一部分人纷纷把家底甩出，另一部分人却在大手笔吸纳。放量相对于缩量来说，有很大的虚假成分，控盘主力利用手中的筹码大手笔对敲也会出现放量，投资者分析透了主力的用意，可以将计就计。

4. 堆量

当主力意欲拉升时，常把成交量做得非常漂亮，几日或几周以来，成交量缓慢放大，股价慢慢被推高，成交量在近期的 K 线图上，形成了一个状似土堆的形态，在高位的堆量表明主力可能在大举出货。

5. 量不规则性放大或缩小

这种情况一般是没有突发利好或大局基本稳定的前提下，突然放出历史巨量，随后又没了后音，一般是实力不强的主力在吸引市场关注，以便出货。

（三）成交量与股价

成交量的运用一般是指量价配合关系方面的运用。一般而言，向上突破颈线位、强压力位需要放量攻击，即上涨要有成交量的配合，但向下破位或下行时出现放量，表明主力在出货。

（1）价格随成交量的递增而上涨，为市场行情的正常特性，此种量增价涨的出现，表示股价将继续上升。

（2）股价下跌，向下跌破股价形态、趋势线、移动平均线，同时出现大成交量是股价将继续下跌的信号，趋势出现了反转。

（3）股价随着缓慢递增的成交量而逐渐上涨，随后出现了一轮暴发行情，成交量急剧增加，此时投资者要谨防转势的可能。

（4）成交量持续低迷之后，底部出现了连续的温和放量，一般可以证明有实力资金在介入。但这并不意味着投资者就可以马上介入，通常在底部出现温和放量之后，股价会随量增而上升，量缩时股价会适当调整。持续一段时间后，股价的上涨会逐步加快。

（5）如果股价经历了较长时间的上涨后放出巨量，通常表明多空分歧加大，有实力资金开始派发，后市继续上涨将面临一定困难。而经历了深幅下跌后的巨量多为空方力量的最后一次集中释放，后市继续深跌的可能性很小，反弹或反转的时机近在眼前。如果股市整体下跌，而个股逆势放量，在市场一片喊空声之时放量上攻，这类个股上涨往往持续时间不长，随后反而会加速下跌。

（6）成交量也有形态，当成交量构筑圆弧底，而股价也形成圆弧底时，往往表明该股后市将会有较大的上涨机会。

（四）每笔成交的应用

参与买卖股票的人，其对股价偏高或偏低的分歧越大，成交量就越大；反之，意见趋于一致时，则成交量趋小。前者意味着多空双方意见分歧较大，股价仍具有较大幅度的涨跌；后者为多空双方看法略同，操作不积极，股价涨跌幅度将有限。无论任何时候，都应注意"每笔成交"明细。

（1）当股价处于底部状态时，若"每笔成交"出现大幅跳升，则表明该股开始有大资金关注；若"每笔成交"连续数日在一较高水平波动而股价并未出现较明显的上升，说明大资金正在默默吸筹，在这段时间的成交量未必出现大幅增加的现象。当我们发现了这种在价位底部的"每笔成交"和股价及成交量出现明显"背离"的个股时，应予以特别关注，寻找时机买入。

（2）机构主力进入某股后，无论股价是继续横盘还是呈现慢牛式的爬升，其间该股的"每笔成交"较主力吸纳时是有所减少还是持平，也无论成交量有所增加还是萎缩，只要股价未见大幅放量拉升，就说明主力仍在盘中。特别是在清淡市势中，主力为引起散户注意，往往用对敲来制造一定的成交假象，甚至有时还不惜用对敲来打压震仓，此时投资者应谨慎对待。

（3）若股价以大阳放量拉升，但"每笔成交"并未创新高时，应特别提高警惕，这说明主力可能要派发离场了。而当股价及成交量创下新高但"每笔成交"出现明显萎缩，也就是出现"背离"时，投资者切不可恋战，要坚决清仓离场，哪怕股价还在继续上升。

由此，可得出一个简单的结论：当"每笔成交"与其他价量指标出现明显"背离"时，投资者应特别引起注意。同时，我们应注意"每笔成交金额"（股价 × 每笔成交量），因为股价为 10 元的每笔成交显然比股价为 5 元成交的主力实力强劲。

第五章

看盘的技巧

一、盘面走势的时间段

股市盘面走势的时间性很强，在看盘时一定要密切关注以下几个重要的时间段。

（一）开盘

开盘时间是上午 9:30，是一个交易日的开始，显示市场的意愿是上涨还是下跌。

新股民首先要关注开盘时的集合竞价是高开还是低开。高开就是当日的开盘价高于昨日的收盘价，低开就是当日的开盘价低于昨日的收盘价。

如果高开，说明人气旺盛，抢筹码的人较多，市势有向好的一面。但高开过多，使前日买入者获利丰厚，则容易造成过重的获利回吐压力。如果低开，则表明获利者回吐心切或亏损割肉者迫不及待，故市势有转跌的可能。

如果在底部突然出现跳空高开，且幅度较大，常是多空双方力量发生根本性逆转的时候，形成进货建仓良机。反之，如果在大势已上涨较多时发生大幅跳空高开，常是多方力量最后喷发的象征，表明牛市已走到了尽头，形成出货的机会。

在底部的大幅低开反而构成见底机会，而在顶部的低开则证明人气涣散，都争先出逃，是市场看弱的表现。在大市上升中途的高开或下降中途的低开，一般有继续原有趋势的意味，即上升时高开看好，下跌时低开看淡。

（二）盘中

在盘中期间，通常要关注三个时间段，分别是开盘后的 30 分钟、上午 10 点左右、中午收市前与下午开市后。

1. 开盘后的 30 分钟

（1）观察开盘后的第一个 10 分钟的市场表现有助于正确地判断市场性质。在这 10 分钟内，参与的股民人数不多，成交量不大，所以，多头和空头都很重视利用这 10 分钟来达到自己的目的。

在强势市场中常见的是多头为了顺利吃到货，开盘后就会抢进；空头为了完成派发，也会故意拉高，于是造成开盘后的急速冲高。在弱势市场中，多头为了吃到便宜货，会在开盘时向下砸盘；而空头也会不顾一切地抛售，造成开盘后的急速下跌。

（2）第二个 10 分钟是多空双方进入休整阶段的时间，一般会对原有趋势进行修正。如果空方逼得太猛，多头会组织反击，抄底盘会大举介入；如果多方攻得太猛，空头也会予以反击，获利盘会积极回吐。这段时间也是买入或卖出的一个转折点。

（3）第三个 10 分钟里因参与交易的人数越来越多，买卖盘变得较实在，可信度较大，这段时间的走势为全天的股价走势奠定了基础。

为了能正确地把握走势特点与规律，可以以开盘为原始起点（因为开盘价是多空双方都认可的结果，它也是多空力量的均衡），把开盘后第 10 分钟、第 20 分钟、第 30 分钟的指数点位连成三条线段，构成开盘三线。开盘三线包含着当日股市走势的信息。

如果开盘三线在与原始起点相比，都比起始点高（俗称开盘三线连三上），则为涨势盘面。反之，如果开盘三线比原始起点都低（俗称开盘三线连三下），且距离越拉越大，则为跌势盘面。如果开盘三线始终沿原始起点上下波动，且波动幅度上下相当，则为震荡势盘面。

此外，开盘三线的其他态势，也应引起注意。比如，开盘三线两上一下和一下两上仍属于趋向涨势；开盘三线一上两下和两下一上则属于趋向跌势。

2. 上午 10 点左右

通常，上午 10 点左右是主力抬高股价、准备出货的最佳时机。一般情况下，在上午 10 点左右就可以预测出当日的大致走势和收盘点位。

无论大盘还是个股，当日短期的高位经常在上午 10 点左右出现。如果成交量放大，伴随股价飙升，一定要小心主力随时出货。

3. 中午收市前与下午开市后

一般来说，中午收市前与下午开市后的走势应综合起来看，而不能孤立对待。中午收市前的走势也是多空双方必争的，主力常利用收市前的机会做出有利于自己的走势。

如果上午高收，下午可能高开高走；如果上午低收，下午可能低开低走。投资者要结合公开信息对此做出判断，做好做多或做空的准备。

（三）尾盘

一般来说，尾盘可以影响第二天的走势。一般尾盘指最后 15 分钟，其实从最后 45 分钟开始，多空双方就已开始暗暗较量了。

一般是多空双方中占优势的一方开始发动攻击，股价在这段时间里开始朝最后收盘的方向运行。许多主力往往选择在临近 2:30 的时候发挥威力，使股价随自己的操盘意图变化。这样主力可以一举两得，既可以维持股价和技术指标的走向，也可以节约控盘成本。

若在最后 45 分钟到 35 分钟这段时间上涨，则最后的走势一般会以上涨而告终。反之，若在最后 45 分钟到 35 分钟这段时间下跌，则尾市难以走好。一般而言，股价在最后半小时走强，表明主力想推升股价，第二日继续上升的可能性居多；如果股价在最后半小时走弱，表明主力想打压股价，第二日继续下跌居多。因此，有经验的投资者往往根据这一现象决定他们的买卖行动，当发现当日尾盘将走淡时，应积极出售，以回避次日低开；发现尾盘向好时，则可适量持仓以迎接次日高开，顺势操作收益一般都不错。

二、阻力位和支撑位

（一）阻力位

走势图是多空双方力量对比的明证记录，当多方力量强时向上走，当空头力量强时向下走。股市中的阻力是指空头力量强、多头力量弱的地方。判断阻力位的目的是卖在最高点或次高点。

主要的阻力位有以下几种：

1. 前收盘价

如果当日的开盘价低于前收盘价，则在向上涨的过程中会遇到阻力。因为开盘时常会有大量投资者以前收盘价参与竞价交易，若低开，表明卖意甚浓。在反弹过程中，一方面会遭到新抛盘的打压；另一方面在接近前收盘价时，前面积累的卖盘会发生作用，使得多头轻易越不过此道关口。

2. 开盘价

若当日开盘后走低，因竞价时在开盘价处积累有大量卖盘，因而将来在反弹回至此处时，会遇到明显阻力。

3. 均线位置

短线运行中的 5 日、10 日均线被技术派格外看重，一旦指数爬升至此处，会有一部分短线投资者果断抛售，故而形成阻力位。

4. 前次高点

盘中前次之所以创下高点，是因为此处有明显的卖盘积压，当指数在此遇阻回落又再次回升时，此处就构成了阻力位。

5. 前次低点

如果股指在前次低点失去支撑，会有相当多的做空力量加入抛售行列，当股指反弹至此处时就会遇到前次未成交的卖盘的阻力。

6. 整数关口

由于人们的心理作用，一些整数位置常会成为上升时的重要阻力，如大盘指数在 2000 点、2500 点、3000 点等，在个股价位上，像 10 元、20 元整数价格等，一些个股在整数关口常会积累大量卖单。

（二）支撑位

一般来说，股市跌不下去的地方即为支撑位，新股民要善于找到支撑位，争取在低价位买进。通常的支撑位有以下几种：

1. 今开盘价

若开盘后走高，则在回落至开盘价处时，因买盘沉淀较多，支撑便较强，道理与阻力位相似。

2. 前收盘价

若指数（或股价）从高处回落，在前收盘价处的支撑也较强。

3. 前次低点

上次形成的低点区一般会成为人们的心理支撑位，其道理也与阻力区相同。

4. 前次高点

前次高点阻力较大，一旦有效越过，因积淀下的买盘较多，因此再次回落时，一般会在此得到支撑。

5. 均线位置

均线位置主要有 5 日、10 日、20 日、30 日、60 日均线等。

6. 整数关口

如果指数从 3000 点跌至 2500 点时，自然引起人们惜售，破 2500 点也不易。如果股价从高处跌到 20 元、10 元等整数价位处也易得到支撑。

三、关注成交量

（一）成交量出现放大的股票

某只股票长时间交易清淡，成交不活跃，但某天突然进入了当天的量比排名前五名，或者上了成交量排行榜。这时，投资者就要对该股多加留意，该股的走势很有可能出现改变，还有可能将成为近期的热门股。特别是那些流通盘较小的股票，在其缩量调整很长一段时间后，一旦放量（通常成交量是前几天平均成交量的 3 倍以上，量比也超过 3），投资者可积极跟进。

（二）成交量连续萎缩的股票

股票经过一段时间的放量之后，成交量出现大幅萎缩。

出现此类情形的个股，表示已有实力强劲的主力介入，待主力吸筹完毕后，成交量便开始急剧减少。成交量大幅萎缩一方面说明该股的浮动筹码极少，另一方面也说明了主力在短期之内没有拉升的欲望，从而也不被市场中的大部分投资者所关注，短期之内仍然属于冷门股。如果这种情形持续一个月以上，短线的不坚定筹码就会相对减少，此时投资者就要做好长线投资的准备。

四、学会倾听市场语言

股票市场是真实的、客观存在的，它有自己的语言，成交量、股价等就是市场语言的内容，投资者需要做的就是倾听并理解市场的语言，而不仅仅是某些人（包括朋友、专家等）的语言。

盲目听从他人的话只能让自己的思路混乱。要想理解市场真实的语言就要与市场建立有效的沟通，从而依据真实的市场反应来进行投资。要与市场进行有效沟通，就要亲自进入股票市场去解读股票市场中的某些数据，从而了解市场最真实的现状，预测市场的趋势，并根据自己的判断做出正确的投资决策。

市场是我们生存的基础，提供给我们波澜起伏的精彩生活，也提供给我们无穷的机遇和挑战，只有了解真实的市场，把握市场的脉搏，才能在股市中长期生存下去。

五、定性解盘

大盘行情是主力、散户以及其他多种因素共同作用的结果。单纯地以盘后分析对未来走势做出判断难免不足，还要根据实时的状态来解盘。无论主力在盘口采取了什么动作，无非是三个主要过程：拉抬——洗盘——出货。

（一）拉抬

主力在其建仓、完成吸筹动作后，就要在大市的配合下展开主升浪，使股价迅速脱离其成本区，防止他人获得更多的低价筹码。一般在盘面表现就是基本脱离指数的干扰，走出较为独立的短线向上突破的行情。

拉抬时期要注意以下三个方面：

（1）开盘形态的强度决定了该股当日能否走强，从中可以洞悉主力坐盘的决心。开盘时，如果出现向上大手笔提拉的动作，这时投资者要视股价与均价的位置决定买进的时机，切勿追高买入。因为短期内股价必将有一个向均价回归的过程，可以在均价附近吸纳。

（2）通常，在日K线图上刚出现突破迹象的个股，在盘中运行都比较稳健，主力很少将股价再打压到均价下方运行。如果发现盘中向下打破均价线回抽无力时，投资者就要小心开盘形态是否是一个诱多动作。识别这个动作的要领是：诱多形态在开盘1小时后必然向下跌破均价线走低，显示主力无心护盘，有意做震荡。而摆脱指数震荡，并能以温和放量的方式将股价运行于均价上方的个股，投资者可在均价附近买进。

（3）如果当日盘面走势强劲，就会在尾市半小时左右引发跟风盘的涌入，此时主力会借机上拉，以封死下一个交易日的下跌空间。尾盘若在抢盘时出现5%以上的升幅，要小心次日获利盘兑现对股价造成的抛压以及主力次日开盘借势做打压震荡所带来的波动。投资者最好不要在尾盘过分追高抢货，以免陷入主力次日短期震荡的被动局面。

（二）洗盘

洗盘的目的是主力清理市场多余的浮动筹码，抬高市场整体持仓成本，使股价能在某个阶段轻松运行。主力洗盘一般有直接打压和宽幅震荡两种方式。

1. 直接打压

直接打压多出现在主力吸货区域，目的是吓退同一成本的浮动筹码。表现为高开后便掉头直下，一直打压到前一日收盘价之下，持仓散户纷纷逢高出局，盘中只有少许几笔主动性买单。这时，投资者不要简单认为股价脱离均价过远就去捡货，因为主力有心在开盘做打压动作，这个动作不会在很短时间内就完成。较为稳妥的吸货点应在股价经过几波下探，远离均价3%～5%时，因为此位置当日短线浮筹已不愿再出货，主力顾虑再打低会造成一定程度上的筹码流失。

2. 宽幅震荡

宽幅震荡较多出现在上升中途，容易让投资者误认为是主力出货。识别这个动作的要领是：观察主力是否在中午收市前急速拉高，这是因为在临近中午收市急于拉升股价，通常是为下午的震荡打开空间。此时盘中一般只用几笔不大的买单便可以拉高股价，且冲高的斜率让人难以接受，均线只是略微上翘。这时手中有持仓的投资者最好先逢高减仓，因为股价马上就会大幅向均价附近回归，甚至出现打压跳水的动作，均价则任股价上蹿下跳而盘整不动，此时均价的位置是一个很好的进出参考指标。

（三）出货

主力出货运用得最多的是高开，此时，集合竞价的成交量很大，但股价难以继前日的强劲势头上冲而是掉头向下，放量跌破均价。虽然盘中有大笔承接单，但股价走势明显受制于均价的反压，在前一日收盘价处也没有丝毫抵抗力，均价下行的速度与股价基本保持一致，这些都是主力集中出货造成的。

六、分析未来的走势

看盘与解盘都是为了研判未来的走势，也可作为自己买卖操作的指导。

（一）转势

一般来说，转势到来之际通常具有以下特征：

（1）跌势末期，一般都会出现加速下跌的现象。股价的下跌如自由落体运动，会有加速度，越往下跌速越快。空头逐渐占据主动，最后是长阴贯下，空头开始长驱直入。只有在多头完全放弃抵抗之后，才会跌出空间或机会，从而引来新的买家，此时转机也就会悄然而至。

（2）在持续调整之后出现跳空缺口，市势有望转变。此时的缺口，技术分析上称为衰竭性缺口。从近年来大盘的走势看，在跌势末期，基本面往往伴随着利空消息，成为空头的重武器，往往促使调整期结束。

（3）从日K线图看，底部完成之际，通常会出现较长的下影线，表明低位已有买盘进入，多头由战略撤退转为战略进攻。有时在K线图上出现十字星，也表明多空力量趋于平衡，有望止跌。若出现光头光脚的阴线，表明空方仍占据绝对主动，底部尚未探明。

（4）从成交量上看，跌势末期，成交量都会极度萎缩。在成交量无法进一步萎缩，也就是以目前的低价已难以找到割肉盘时，转机有望出现。

（二）不同阶段的操作心态分析

行情的发展过程与一般投资者对大势的期望是相反的。新股民一定要看准行情来顺势操作，这样才会有利可图。

股市经过一个相当长的调整过程，伴随一些利空消息，指数进一步下跌。在这最后的下跌中，一部分投资者纷纷割肉离场，也有些投资者割肉是为了在更低的价位进行回补。所以，当上升行情开始时，刚卖掉股票的投资者不会马上买进，他们希望能有机会以比卖出价更低的价格买入。结果强势股和热点板块是无法买进了，因为这些股票不会再次深幅回档，而只有弱势股和非热点股才有更低的买入机会。

在上升行情发展的中期，会有较大的调整和震仓行为出现。鉴于前期的惨烈下跌，一般只要大盘稍有回调，投资者便会卖出获利筹码，不断地进行短线操作。在短线卖出后又无法在低位及时回补，或是有机会也不敢买回，造成低卖高买的错误。由于投资者心态非常不稳，手中的股票卖出的可能是"黑马"，而留下来的也可能是"瞎驴"。等真正看到了热点板块的疯狂拉升，而自己手中的股票却总是迟迟不涨时，为时已晚。

在上升行情发展的末期，投资者开始明白自己前段操作的失误之处，开始采取持股为主的操作策略，但大势继续上涨的概率越来越小，而转为下跌的可能性越来越大。而投资者此时已逐渐形成了持股不动就能赚钱的思维定式，或是形成由于感到前期并未获得足够的利润，而不甘心退出市场的一种心态。

到了行情开始下跌的初期，投资者认为大盘的下跌只是正常的回调，或是认为自己手中的股票上涨的目标位还未达到。此时，对股票的期望已成为投资者的持股依据，而不是基于对市场走势的客观分析。在行情下跌的过程中，投资者已开始意识到了行情向下的趋势不可逆转。此时，投资者总是将手中股票的目前价位与过去的价位相比较，希望解套的同时还能获利，获了小利又希望获大利，结果往往被套牢。

七、分析盘面的买卖技巧

（一）分析盘面买入的技巧

盘面买入的技巧有以下几点：

（1）股价在箱体内盘整一段时日，某日因突发利多消息上涨。此时，突破盘局之时便是买点。

（2）股价由高档大幅下跌时一般分三波段下跌，止跌回升时便是买进时机。

（3）股价在底部盘整一段时日，连续2天出现大长阳线或3天出现小阳线以及十字星时代表止跌回升，此时可买入。

（4）个股以跌停开盘、涨停收盘时，表示主力拉抬力度极强，行情将出现大反转，此时投资者应尽快买进。

（5）移动平均线下降之后，逐渐呈走平趋势，随后股价向上攀升，突破移动平均线时便是买进时机。

（6）股价在低位时，出现N形的股价走势或W形的股价走势，此时便是买进时机。

（二）分析盘面卖出的技巧

盘面卖出的技巧有以下几点：

（1）股价近期暴涨，但是一直没有创出新高，期间有几次较小的跌幅，但是大盘仍然不见上涨，此时投资者应卖出。

（2）股价在经过某一波段的下跌之后进入盘整，若久盘不涨出现下跌时，可卖出手中持股。

（3）在高位区域出现连续 3 日的巨量长阴线代表大盘将反多为空，投资者可先卖出手中持股。

（4）在高档区连续出现 6～9 根小阳线、小阴线、十字星线等，代表股价向下意愿较强，此时宜卖出。

（5）在高档区出现倒 N 形股价走势或倒 W 形（M 头）的股价走势，大盘将出现反转。

（6）30 日乖离率为＋10～＋15 时，6 日乖离为＋3～＋5 时代表涨幅已高，难有更高的上涨余地，此时可卖出手中持股。

（7）股价高档区出现 M 头及三尊头，且成交量放大时应卖出手中持股。

（8）股价跌破底价支撑线之后，若股价连续数日跌破上升趋势线，显示后市股价将继续下跌。

（9）多头市场 RSI 已达 90 以上为超买行情时，可考虑卖出手中持股；空头市场 RSI 在 50 左右即应卖出手中持股。

（10）股价在高档区持续上升，当融资余额已达天量，代表信用太过扩张，此时也应先卖出为宜。

第六章

如何看量价配合

一、低量低价

低量低价即量低价低，意思是说个股或者大盘的成交量非常稀少，同时个股股价或者大盘点位都较低。从整个调整期看，低量低价在股票长期底部盘整的阶段较为常见。

如图 6-1 所示的福建高速（600033），该股创出了新低 2.46 元后量能萎缩至近期低点，从而使股票的走势出现低量低价的现象。投资者在低位买入时，应在研究该股基本面是否良好、是否具有投资价值的同时，再结合一些技术指标来综合判断是否做出投资的决策。

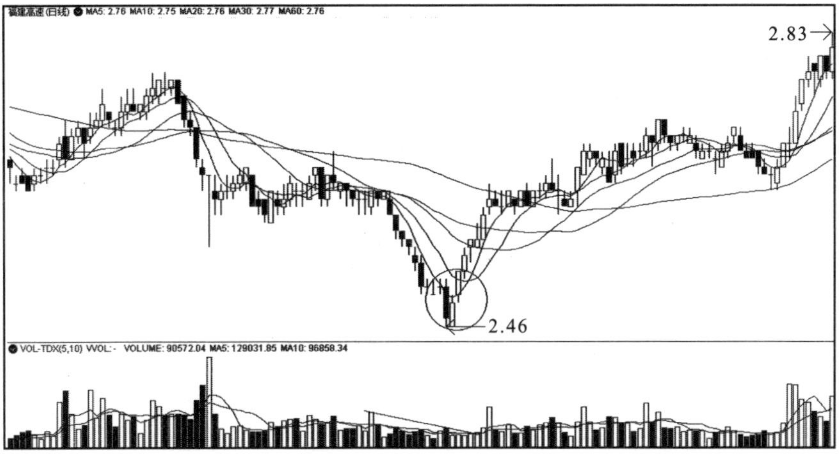

图6-1 低量低价

二、量增价平

与低量低价相对应，量增价平指的是某个股或者大盘在成交量缓慢增加的情况下，该个股的股价或者大盘点位始终围绕某一水平做小幅度的上下波动，整体看来呈现出一种量价配合的现象。

在实战中，量增价平通常会有两种情况出现：

1. 高价位的量增价平

高价位的量增价平是指如果股价在经过一段时间比较大的涨幅后，已经处在相对高价位区的时候，成交量仍然有一定的增加，股价却没有出现持续上涨，这就是典型的高位量增价平的现象。这种股价高位放量滞涨的走势表明市场主力在维持股价不变的情况下，可能在悄悄地出货。

高价位的量增价平现象通常是一种顶部反转的预兆，一旦时机成熟就会马上掉头向下而行，这点投资者需要格外注意。

2. 中途的量增价平

中途的量增价平与上述情况不同，它出现在上升趋势中，一般表明股价上行暂时受挫，但投资者还是很有信心，因为只要上升趋势未变，在短时间整理后，仍然会有一波上升行情。

如图 6-2 所示，新泉股份（603179）的走势中出现了量增价平的现象。

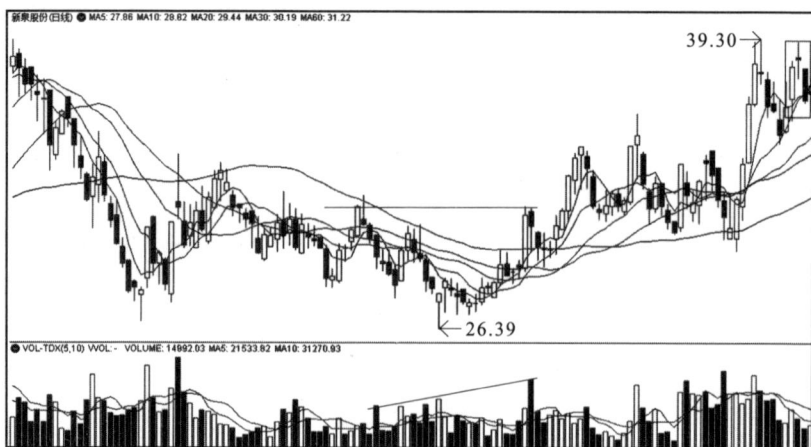

图6-2　量增价平

三、量增价涨

量增价涨主要是指该个股或者大盘在成交量增加的同时，股价或股指也同步上涨的一种量价配合现象。

如图 6-3 所示的美好集团（000667），该股出现了量增价涨的走势。量增价涨是最常见的多头主动进攻模式，投资者可以积极进场买入，经过一个星期的时间，该股的涨幅就达到了29%。

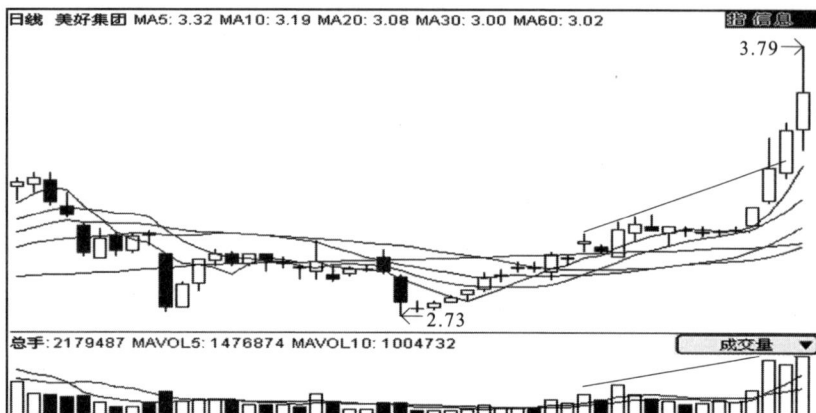

图6-3　量增价涨

四、量缩价涨

对于量缩价涨的行情，投资者应区别对待，一般以持股或持币观望为主。根据量缩价涨的现象来进行具体研判通常有以下两种方法：

1.上涨行情中的量缩价涨

一般来说，在持续的上升行情中，适度的量缩价涨表明主力控盘程度比较高，锁筹较好，但投资者最好是少量资金短线参与，因为股价已经有了相当的涨幅，接近上涨末期。有时在上涨初期也会出现量缩价涨，但经过补量后仍有上行空间。

量缩价涨毕竟所显示的是一种量价背离的趋势，因此，在随后的上升过程中出现成交量再次放大的情况，则可能意味着主力在高位出货。如图6-4所示。

图6-4　上涨行情中的量缩价涨

2.下跌行情中的量缩价涨

在持续的下跌行情中，偶尔也能出现量缩价涨的反弹走势。当股价经过短期的大幅度下跌后，由于跌幅过猛，主力没能全部出完货，因此，他们会抓住大部分投资者不忍轻易割肉的心理，用少量资金再次将股价拉高，造成量缩价涨，从而利用这种反弹走势达到出货的目的。如图6-5所示。

图6-5　下跌行情中的量缩价涨

五、量增价跌

量增价跌反映的是在某一段时期内，股价一直呈下跌趋势，同时成交量也增加的情形。

有时在下跌行情的初期会有这种情况出现，股价经过一段比较大的涨幅后，市场上的获利筹码越来越多，一些投资者纷纷抛出股票，致使股价开始出现下跌。同时，也有一些投资者对股价的走高仍抱有预期，在股价开始下跌时，还在买入股票，多空双方对股价看法的分歧是造成股价量增价跌的主要原因。

若股价经过长期大幅下跌之后，出现成交量增加，即使股价仍在下跌，投资者也要慎重对待极度恐慌的杀跌。低价区的增量说明有资金接盘，后期有望形成底部或产生反弹，可逢低介入。

有时若在趋势逆转的初期出现量增价跌，投资者应清仓出局。

如图6-6所示的华光环能（600475）。该股在下跌初期的成交量相对前几日出现了增加。一般来说，量增价跌的现象多是出现在下跌行情的初期，但也不乏一小部分是出现在上升行情的初期。

六、量缩价跌

量缩价跌是指成交量在迅速减少，同时股价出现下跌，从而形成了一种量价配合现象。量缩价跌若出现在上升行情之中，投资者可以逢低进场，不过投

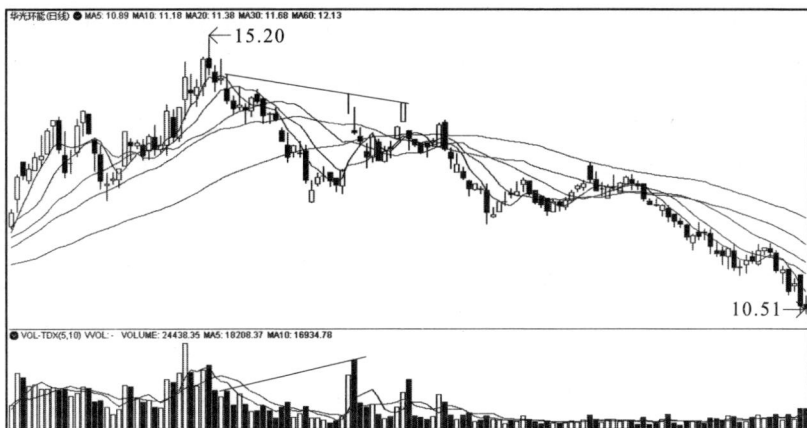

图6-6 量增价跌

资量不宜过多，因为出现这种情况的股价上涨幅度一般不会太大。量缩价跌若出现在下跌行情中，一旦出现了止跌企稳的迹象，即可逢低介入。

如图 6-7 所示的天下秀（600556），从图中不难发现，这种量缩价跌的现象出现在股市下跌行情的中期，此时的情况称为无量阴跌，无法探知底部。投资者应以观望为主，待股价止跌企稳并出现买入信号时再逢低介入。

图6-7 量缩价跌

七、几种必买的经典形态

（一）平台跳跃

1. 必买原因

股价上涨了一段时间后，此时的主力也吸够了筹码，正在构筑平台进行整理，同时清洗浮筹。在平台整理结束、一波拉升开始时，主力常用一根带量大阳线冲破平台高点，这是投资者买入的绝佳机会。

一方面带量大阳线强劲冲破平台高点的阻力，说明"跳跃"有效，另一方面主力也用它做出上攻态势，吸引市场注意力，让市场为其拉升出力，如图6-8所示。

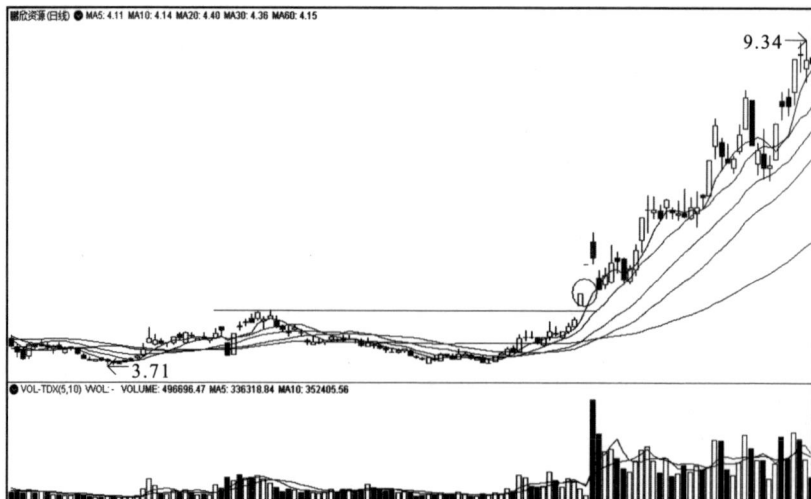

图6-8　鹏欣资源日K线图

2. 分析要点

（1）此前股价经过一段时间的上升，而后构筑平台，一般来说平台构筑时间越长，股价上涨空间越大。

（2）确立了平台的有效性后，主力的大部分筹码集中在平台区域，这是主力的主要成本区。

（3）在构筑平台时，成交量慢慢减少，成交相对清淡，说明浮筹基本清洗完毕。

（4）股价缓慢地向平台的高点运行，某日一根带量大阳线突破平台高点。

（5）此时，均线系统呈多头排列，股价位于略微向上的20日线上方，与20日均线的乖离率不大。

（6）大阳线出现当日，成交量突破5日均量线，MACD红柱增长。

（7）最佳买入时机是大阳线出现的当日，在5日均线走平并有向下转头趋势时卖出。

（二）创新高

1. 必买原因

这一阶段的标志是此前股价缓慢地创出新高，致使前期大部分的买入者都获得了利润，此时上方再无套牢盘。因此，一旦发现某股股价创新高，而且有加速上扬的趋势时，投资者应该立即买入，这样的股票没有上方压力，往往后市会出现大幅上扬。如图6-9所示。

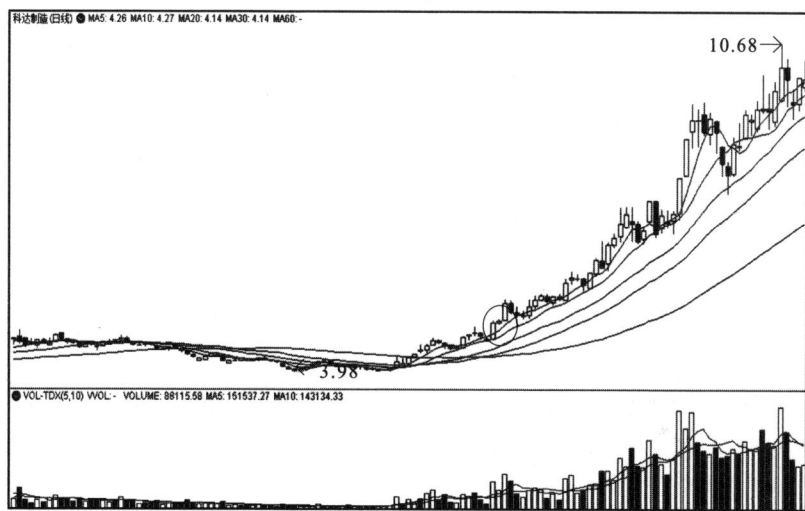

图6-9　科达制造日K线图

2. 分析要点

（1）股价在缓慢上移中不断创出新高，把前期套牢盘全部释放。

（2）下部筹码不断上移，在原筹码峰上方不断形成新的小筹码峰。

（3）均线系统向上发散，短期均线的斜率越来越大，股价紧贴陡峭上扬的5日均线上行。

（4）主力控盘技术很强，很长一段时间成交量未出现明显放大。

（5）MACD的红柱增长，DEA和DIF同时平缓向上。

（6）某日出现中大阳线，股价加速上扬，此时即是买入的最佳时机，而在5日均线走平并有向下的趋势时卖出。

（7）这种股票大多封涨停较早，在早盘就要特别加以注意。

（三）置之死地而后生

1. 必买原因

股价在上升一段时间后出现了缩量整理（也有例外情况），在此过程中，主力停止买入或用少量筹码打压，以此清理浮筹，造成成交量急速减少。当缩至地量（或相对于前期较小的成交量）时，表明浮筹已基本清理完毕。当某日出现大阳线时，投资者可立即买入。如图6-10所示。

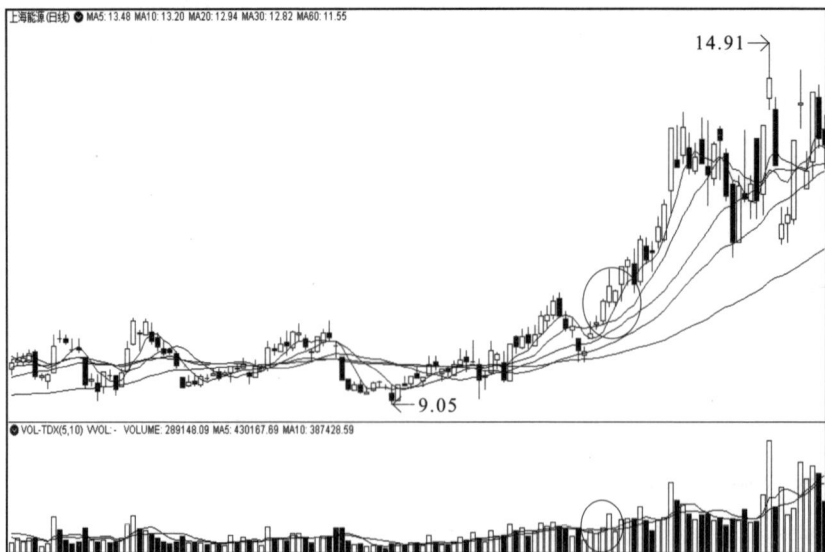

图6-10　上海能源日K线图

2. 分析要点

（1）前期小幅上涨后回调，K线慢慢变成小阴小阳线。

（2）成交量逐渐萎缩到地量。

（3）在成交量萎缩到地量的过程中，股价慢慢向20日（也可以是30日或60日）均线靠近。

（4）在股价向20日均线靠近的过程中，MACD仍为红柱，或虽曾出现过绿柱，但时间非常短，持续时间通常在3天左右。

（5）某一日出现大阳线，5日均线上扬（量比稍大更好），MACD红柱增长或开始出现红柱，当日即为最佳买入时机。

（四）小阴小阳初放晴

1. 必买原因

上升初期是孕育阶段，此时的主要标志是多根小阴小阳线交替出现，以小阳线居多，成交量比较小，股价在一个狭小的区域内波动。根据波段运行规律，波段孕育成功后，股价将加速上扬。投资者可以在波段孕育成功时介入，以享受成长和加速阶段的波段涨幅。如图6-11所示。

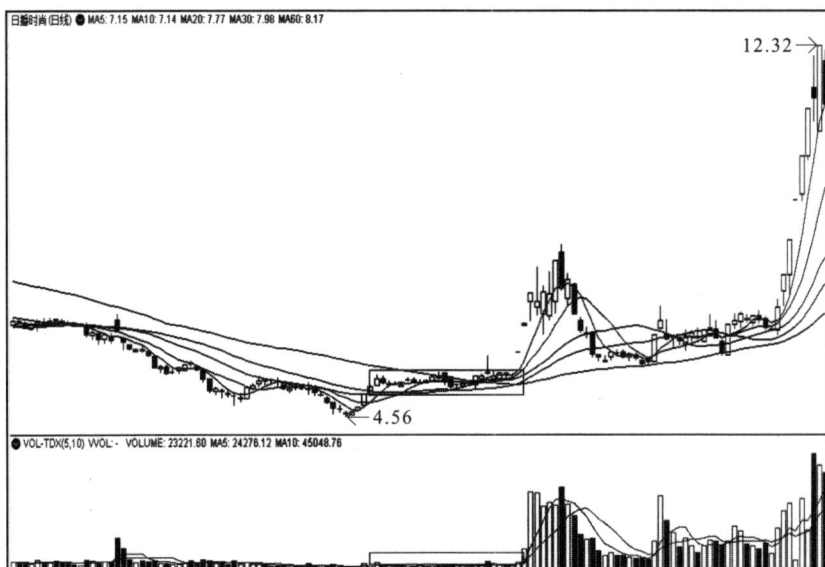

图6-11 日播时尚日K线图

2.分析要点

（1）股价以小阴小阳线在一个狭小的区域内波动，并缓慢盘升。

（2）均线系统呈多头排列，20日均线向上翘头，股价处于20日均线上方。

（3）成交量较小，处于温和放量的阶段，5日和10日均量线同时上扬。

（4）MACD出现红柱，但红柱较短，仍有增长的趋势。

（5）股价位于筹码密集区的上沿。

（6）某日出现中大阳线或股价超过近期高点即可买入，在5日均线走平并有转头向下的趋势时卖出。

（五）凤凰涅槃

1.必买原因

此时的主要标志是大盘逐渐走弱，主力趁机进行洗盘，股价随大盘回落。这时的主力会极具耐心地等待大盘好转。因为大盘一旦出现好转，主力会立即展开强劲的攻势，快速拉升股价。如图6-12所示。

2.分析要点

（1）前期大盘走弱，该股股价随大盘回落。

（2）在股价回落的过程中成交量急速缩小，几乎到了地量，表明在回落的过程中主力并未出货。

（3）股价与20日均线的负乖离率较大，达20%以上。

图6-12　中铁工业日K线图

（4）出现明显的止跌形态，同时出现大阳线，大阳线的最低价高于前日收盘价，此时股价未创新低。

（5）成交量同时放大，量比在2以上为佳。

（6）大阳线出现的当日，MACD绿柱不再增长，反而有缩短的趋势，当日即是买入的最佳时机。

──── 本部分操作提示 ────

看盘是投资者炒股入门的必修课。大盘显示的是整个股市的走势，也是对目前整体经济状况的反映。大盘的分时图与K线图以及个股的分时图与K线图，传递着很多信息。投资者如果能读懂盘面每一个数据背后的含义，培养出良好的盘感，那就离赚得盆满钵满的日子不远了。

第三部分

操盘实战技术

第七章

K线的操盘技法

一、什么是K线

K线这种图源于日本德川幕府时代（1603～1867年），当时日本米市的商人用K线记录米市的行情与价格波动，后因其细腻独到的标画方式而被引入股市及期货市场。

股市K线图就是将各种股票每日、每周、每月的开盘价、收盘价、最高价、最低价等涨跌变化状况，用图形的方式表现出来。通过K线图，我们能够把某一周期的市场情况完全记录下来。股价经过一段时间的运行后，在K线图上即形成一些形态，不同的形态具有不同的意义。

那么，K线是怎样形成的呢？首先我们找到某日或某一周期的最高价和最低价，垂直地连成一条直线；然后找出某日或某一周期的开市和收市价，把这两个价位连接成一条狭长的长方柱体。假如某日或某一周期的收市价较开市价为高即低开高收，我们便以红色柱体来表示，或是空心柱体表示，这种柱体就称为"阳线"。如果某日或某一周期的收市价较开市价为低即高开低收，我们则以绿色柱体表示，又或是黑实心柱体表示，这柱体就是"阴线"。如图7-1所示。

二、K线分析要领

K线技术经过长达四百多年的演进，已经发展成为目前股票、外汇、期货等市场内最重要的技术分析工具之一。它包括七个组成要素，即开盘价、收盘价、最高价、最低价、实体、上影线、下影线等。

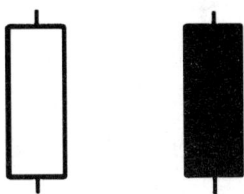

图7-1　阳线和阴线

由于 K 线分析一般只是对一根或数根 K 线进行分析，因此，K 线分析只适合于指导把握短线买卖点，对中长线投资的指导意义明显减弱。中长线投资应该使用对中长线更具指导意义的技术指标，如均线、MACD 指标等。当我们对 K 线进行分析时，要把握以下几个分析要点：

（一）从阴阳方面分析 K 线

阴阳表明趋势方向。阳线表明是向上的趋势，阴线表明是向下的趋势。

（二）从实体大小方面分析 K 线

实体大小代表内在动力大小，多空双方力量对比强弱。实体较大，表明多空双方中的一方力量显著强于另一方；而实体较小，则表明虽有一方力量强于对方，但其优势却不明显，也许处于弱势的一方进行一次有效的反击，处于优势的一方力量就有可能被瓦解。

（三）从所处位置分析 K 线

K 线在波段运行中所处的位置在 K 线分析中非常重要。同是形如锤头的 K 线，在低位叫"锤头线"，而在高位却叫"上吊线"。

大阴线、大阳线在高位和低位的作用也有所不一样，如高位带量大阴线，有拉高出货之嫌；低位带量大阳线，却往往认为是主力在吸筹。

（四）从均线的乖离率大小分析 K 线

从 K 线与均线之间乖离率的大小可以看出 K 线与均线运行的偏离程度。如乖离率过大（如与 20 日均线的乖离率大于 25%），则有可能出现趋势停顿或转折。

（五）从影线的长短分析 K 线

上影线较长，表明股价向上运行至某一价位时，遇到强大的阻力，多方出现退败；下影线较长，表明股价向下运行至某一价位时，遇到强大支撑，多方收复大片失地。影线是一种转折信号，特别在股价处于高位（正乖离率较大）或低位（负乖离率较大）时，这种转折的意味更加明显。

（六）把K线与成交量结合起来分析

在股价运行中，有时候K线的性质要用成交量来确认，如在上扬过程中突破重要技术点位或区域时，大阳线配合大成交量，可以说是有效突破。在上升过程中的小阴线配合大幅缩小的成交量，表明可能只是短暂的调整。

三、单根K线的分析

K线是一种既简单又重要的分析工具，它的独到之处在于，一般利用单根的K线形态即可初步判断市场的强弱。

（一）光头光脚大阳线

光头光脚大阳线的最高价与收盘价相同，最低价与开盘价一样，上下没有影线。从一开盘，买方就积极进攻，中间也可能出现买方与卖方的争夺，但买方发挥最大力量始终占据优势，使价格一路上扬，直至收盘。如图7-2所示。

图7-2　光头光脚大阳线

投资者需要注意的是：

（1）在低价区，突然出现大阳线，应该买进。

（2）长期盘整之后出现大阳线，可闭眼跟进。

（3）高价区出现大阳线时，应谨慎对待，持币观望为佳。

（二）光头光脚大阴线

光头光脚大阴线表示最高价与开盘价相同，最低价与收盘价相同，上下没有影线，表示市场处于强烈的跌势，特别是出现在高价区域，更加危险。如图7-3所示。

图7-3　光头光脚大阴线

投资者需要注意的是：

（1）在高价区出现大阴线时，是股价反转之兆，投资者应尽快卖出股票。

（2）在盘整之后，出现大阴线，表示多数投资者看淡后市，此时投资者应卖出股票。

（3）在低价区出现大阴线时，市场的卖压并不大，投资者可持观望态度。

（三）光头下影阳线

光头下影阳线的出现，表示开盘后，卖方力量较强，股价下挫，当跌幅较深时，抛盘减轻，股价回升，不断上涨，最终以最高价报收。如图7-4所示。

图7-4　光头下影阳线

投资者需要注意的是：

（1）若实体部分比下影线长，价位下跌不多，即受到买方支撑，价格上扬；如果突破了开盘价之后，还大幅度推进，说明买方实力很大。

（2）若实体部分与下影线相等，说明买卖双方交战激烈，但大体上来说，买方占主导地位，对买方有利。

（3）若实体部分比下影线短，买卖双方在低价位上发生激战，买方逐步将价位上推。上面实体部分较小，说明买方所占据的优势不大，如卖方次日全力反攻，则买方的实体很容易被攻占。在低价区出现此图时，投资者可买入，在高价区慎重。

（四）光头下影阴线

光头下影阴线的出现，表示开盘后，卖方力量大于买方力量，股价大幅度下跌。当跌幅较深时，部分投资者不愿忍痛斩仓，低位抛压逐渐减轻，股价出现反弹。如图7-5所示。

图7-5　光头下影阴线

根据实体部分与下影线的长短不同可分为三种情况：

（1）实体部分比下影线长，表示卖压比较大，一开盘，大幅下跌，在低点遇到买方抵抗，买方与卖方发生激战，影线部分较短，说明买方把价位上推不多，从总体上看，卖方占了比较大的优势。

（2）实体部分与下影线同长，表示卖方把价位下压后，买方的抵抗也在增加，但可以看出，卖方仍占优势。

（3）实体部分比下影线短，表示卖方把价位一路压低，在低价位上，遇到买方顽强抵抗并组织反击，逐渐把价位上推，最后虽以绿盘报收，但可以看出，卖方优势不大，后市买方很可能会全力反攻，把小阴实体全部吃掉。

（五）光脚上影阳线

光脚上影阳线表示在开盘后，买方发动较强的攻势，卖方难以阻挡，股价一路上升，但在收盘前，股价受卖方打压，价格回落。如图 7-6 所示。

图7-6 光脚上影阳线

投资者需要注意的是：

（1）若实体比上影线长，表示买方在高价位遇到阻力，部分多头获利回吐，但买方仍是市场的主导力量，后市继续看涨。

（2）若实体与上影线同长，买方把价位上推，但卖方压力也在增加。两者交战结果，卖方把价位压回一半，买方显然优势大。

（3）若实体比上影线短，在高价位遇卖方的压力，卖方全面反击，买方受到严重考验。大多数短线投资者纷纷获利回吐，在当日交战结束后，卖方已攻占大部分领地，这种 K 线形态如出现在高价区，则后市看跌。

（六）光脚上影阴线

光脚上影阴线表示开盘后，买方力量较强，股价上涨。当涨幅较大后，卖方力量越来越强，股价下跌，并以最低价收盘。如图 7-7 所示。

投资者需要注意的是：

（1）若实体比上影线长，表示买方把价位上推不多，立即遇到卖方强有力的反击，在价位突破开盘价后乘胜追击，再把价位下推很大一段，显示卖方力量特别强大，局势对卖方有利。

图7-7 光脚上影阴线

（2）若实体与上影线相等，买方把价位上推，但卖方力量更强，占据主动地位，卖方占有优势。

（3）若实体比上影线短，卖方虽将价格下压，但优势较小，来日买方力量可能再次反攻，黑实体很可能被攻占。

（七）上下影阳线

上下影阳线表示开盘后价位出现下跌，经过双方争斗之后，买方力量增强，价格一路上推，临收盘前，出现部分投资者获利回吐，在最高价之下收盘，这是一种反转信号。如在大涨之后出现，表示高档震荡，若伴有成交量大增的情形，后市可能会下跌。如在大跌后出现，后市可能会反弹。如图7-8所示。

图7-8 上下影阳线

投资者需要注意的是：

（1）上影线长于下影线时，若上影线长于实体，表示买方力量受挫；若实体长于上影线，表示买方虽受挫，但仍占优势。

（2）下影线长于上影线时，若实体长于下影线，表示买方虽受挫，仍居于主动地位；若下影线长于实体，表示买方尚需接受考验。

（八）上下影阴线

这是一种上下都带影线的黑实体，在交易过程中，股价在开盘后，随着卖方力量的增加，买方不愿高价追进，卖方渐居主动，股价逆转，在开盘价以下交易，股价出现下跌。随后在低价位遇买方支撑，买气转强，不至于以最低价收盘。此线表示买卖双方争斗激烈，收盘时卖方略占上风，实体长于影线表明卖方力量仍较强；影线长于实体，则表明买方潜力较大，卖方力量受到打压。如图 7-9 所示。

有时在上半场以低于开盘价成交，下半场买意增强，股价回到开盘价之上，临收盘前卖方又占据优势，而以低于开盘价收盘。如果在大跌之后出现，表示低档有承接，行情可能出现反弹；如果大涨之后出现，后市可能下跌。

图7-9　上下影阴线

（九）十字形

十字形又称十字星，表示买卖双方势均力敌。十字形可以用来判断行情是否反转，一般来说，如果十字形出现在连日上涨之后，就可能是下跌的信号；如果出现在连日下跌之后，就可能是上涨的信号。此线表示买卖双方力量均衡，价格维持盘整；阳十字，表明买方力量较强，阴十字，表明卖方气势较盛。如图 7-10 所示。

图7-10　十字形

投资者需要注意的是：

（1）如果上下影线等长，则表示在交易中，买方与卖方势均力敌。

（2）上影线长于下影线，表明卖方力量较强。

（3）下影线长于上影线表明买方力量较强。

（4）在高位区或者低位区出现，都表示有反转的可能。

（十）一字形

一字形是四价合一的K线，表示成交价全天都是一样。如果出现在涨停或跌停处，表明买卖双方力量悬殊太大，后市方向明确，短期难以逆转。如图7-11所示。

图7-11 一字形

（十一）T字形

T字形又称多胜线，表示开盘后，卖方力量强于买方力量，股票价格下跌，但在随后，买方力量强于卖方力量，股价开始反弹，并以同开盘价一样的最高价收盘。

在低价区出现该种图形时，投资者可酌情买进；在高价区出现该种图形，投资者可酌情卖出。如图7-12所示。

图7-12 T字形

（十二）倒T形

倒T形，又称灵位塔形或下跌转折线，表示开盘后，买方力量强于卖方力量，股价上涨到全天的最高价位后，卖方力量逐渐加强，股价下挫，最后以同开盘价一样的最低价收盘。如图7-13所示。在高价区出现倒T形，投资者要酌情卖出；在低价区出现倒T形，投资者应持币观望。

图7-13 倒T形

四、K 线组合及应用

在复杂的 K 线走势图中，很多有经验的投资者把 K 线的特殊图形与股价相联系，形成了许多经典的 K 线组合，不仅可以帮助投资者识别各种情况，也可以从中判断股价的未来趋势。

（一）早晨之星

这一组合是在低位出现一根阴线之后，下方先出现一根小阳线或小阳十字线，接着再出现一根大阳线或中阳线。这一组合多出现在市势久跌或久盘之后，这时下方出现的小阳线犹如市场人士心目中那久盼的启明星，随后再出现一根有力上升的阳线，表明长夜已经过去，市势迎来黎明。早晨之星的 K 线组合，成为市势反转上升的转折点。如图 7-14 所示。

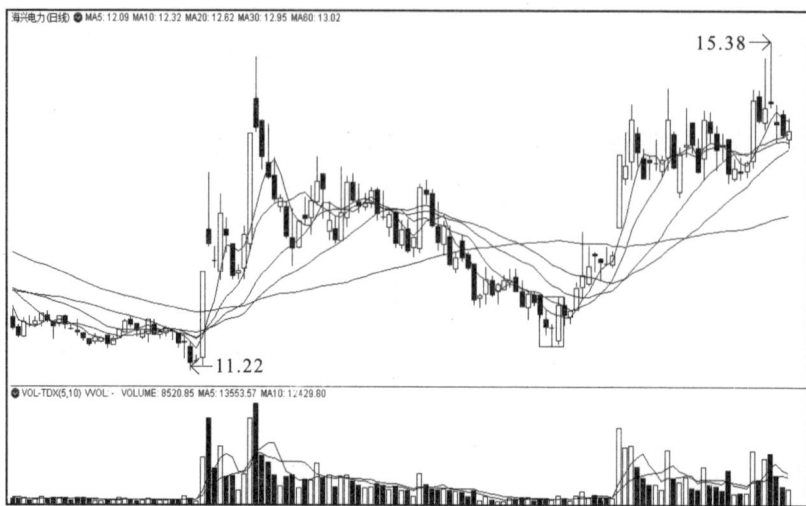

图7-14 早晨之星

（二）黄昏之星

这一组合恰恰与早晨之星相反，成为市势反转下跌的转折点。顶部出现一根十字线，随后出现了一根下跌的阴线，这样就形成了黄昏之星。如果顶部是倒 T 字线，则又形象地称这一组合为射击之星。如图 7-15 所示。

（三）红三兵

红三兵是指连续出现三根实体相当的阳线的组合形态，一般认为，在低档区出现红三兵，表示市势已经走出长期的下跌阴影，即将步入反弹的上升行情。如图 7-16 所示。

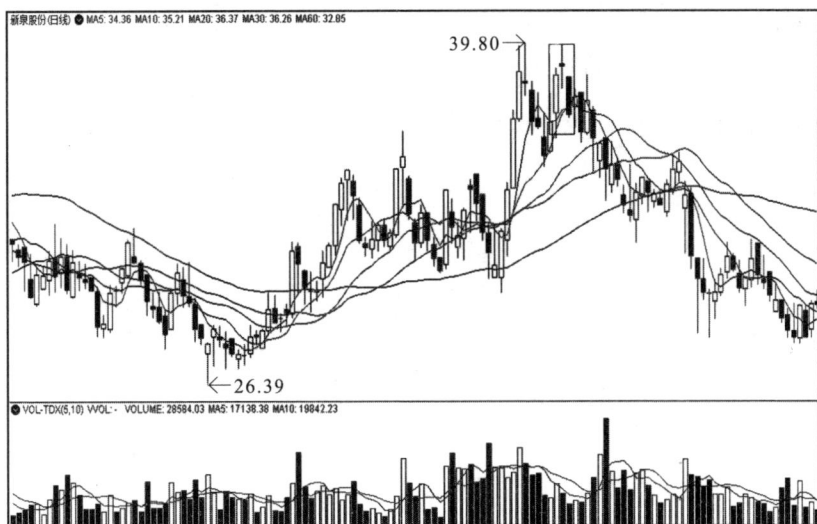

图7-15　黄昏之星

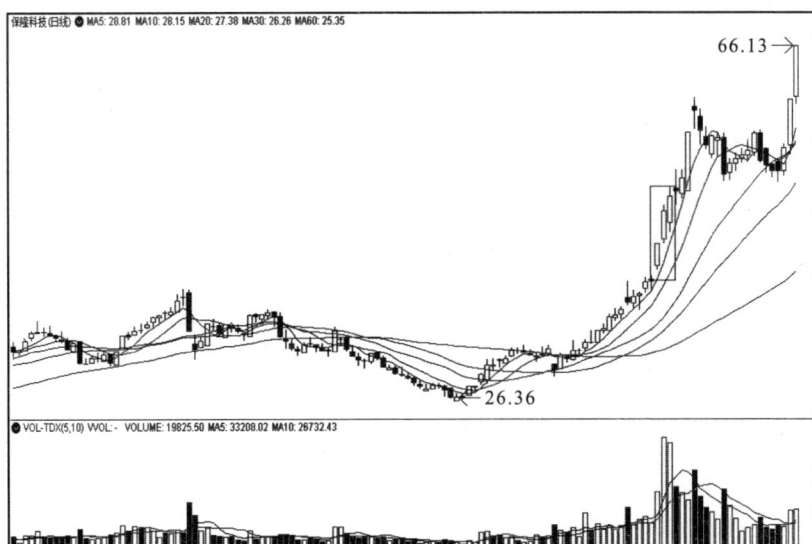

图7-16　红三兵

（四）黑三兵

黑三兵是指连续出现三根实体相当的阴线的组合形态，在高档区出现这种组合时，表示上升市势已经完结，下跌市势即将开始。如图 7-17 所示。

（五）白三鹤

白三鹤是一种类似红三兵的组合，这种组合确认前容易被误认为是红三兵组合，其实它是红三兵的失败型。要想有效地进行区分，主要注意它们出现的区域，即高档区或低档区或行情中途，这种组合是下跌途中的白三鹤，没有上升途中红三兵的好运。如图 7-18 所示。

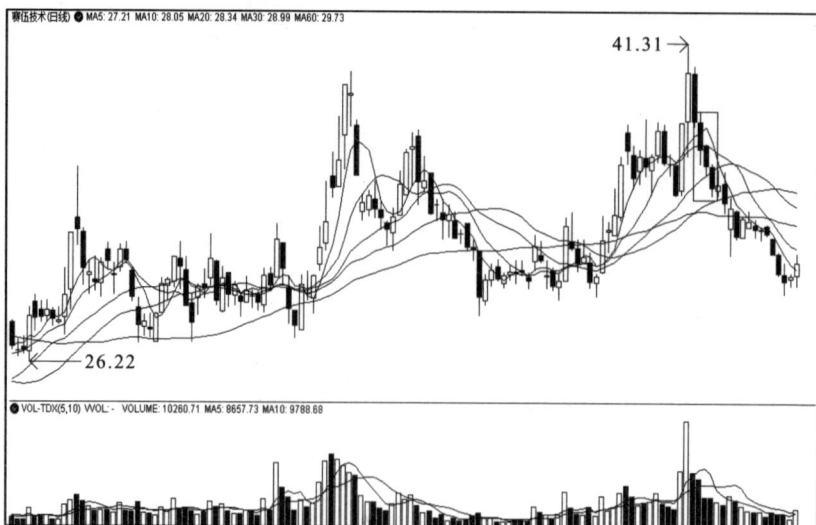

图7-17 黑三兵

图7-18 白三鹤

（六）强调组合

强调组合是指两根实体大致相等的阳线或阴线并列一排的组合，即双阳或双阴组合。

双阳组合中，前一根 K 线以阳线收盘，随后的一个交易日开盘便将前阳尽失，不过，最终仍在以前一根 K 线收盘价位附近收市，形成一并列阳线。后一根阳线是对前一根阳线的重复，是对上升方向的强调和肯定。故双阳组合的出现，意味着后市看涨。如图 7-19 所示。

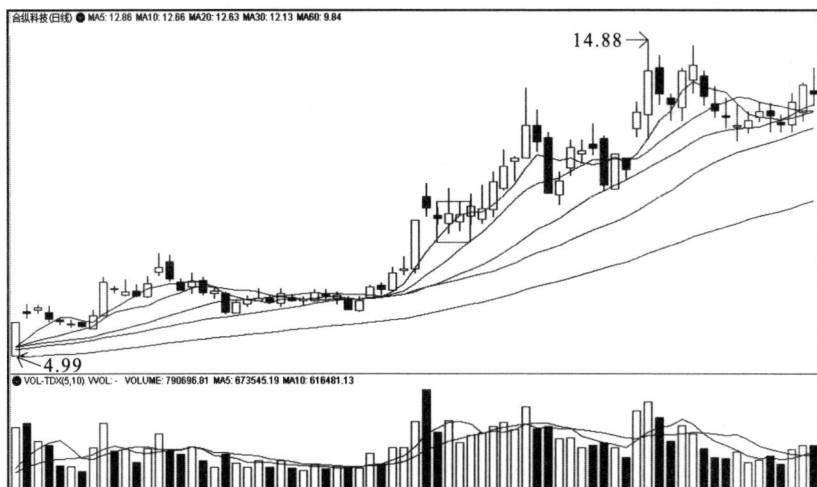

图7-19 双阳组合

双阴组合中，前一根 K 线以阴线低收，随后的一个交易日开盘便将前阴收复，不过，最终仍在前一根阴线的低位附近收市，形成并列阴线。后一根阴线是对前一根阴线的重复，是对下跌方向的强调和肯定。双阴组合的出现，意味着后市看跌。如图 7-20 所示。

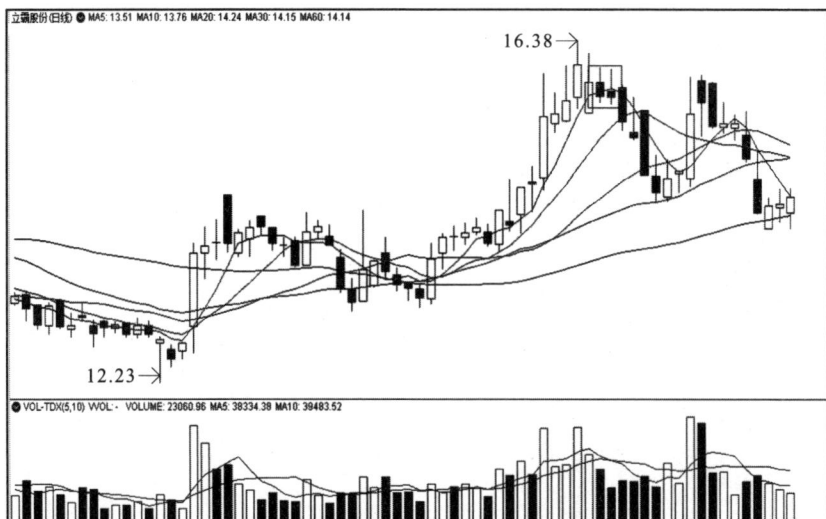

图7-20 双阴组合

（七）乌云盖顶

在上升途中出现阳线之后，又出现了一根大阴线，且该阴线收盘价在前阳线实体 1/2 以下。这一组合常在市势已经大涨一段时间，甚至创下天价的时候出现，表示市势逆转，随后将出现下跌行情。如图 7-21 所示。

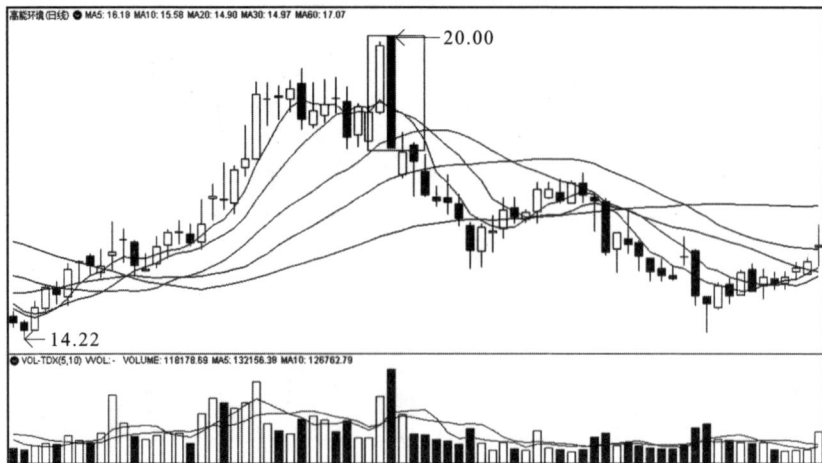

图7-21　乌云盖顶

（八）中流砥柱

股价在下跌途中出现一根大阴线之后，又出现一根中阳线，且该阳线使价格升到前阴线实体 1/2 以上。这一组合常在市势已经大跌一段时间，甚至创下地价的时候出现，表示市势逆转，随后将出现上升行情。如图 7-22 所示。

图7-22　中流砥柱

（九）孤岛组合

出现一段上涨行情之后，某日突然出现一根跳空阴线，形如孤岛。这一组合，尽管阴线收盘价仍比昨日高，但已可窥见市场前期获利回吐的压力，表示后市已不看好。如图7-23所示。

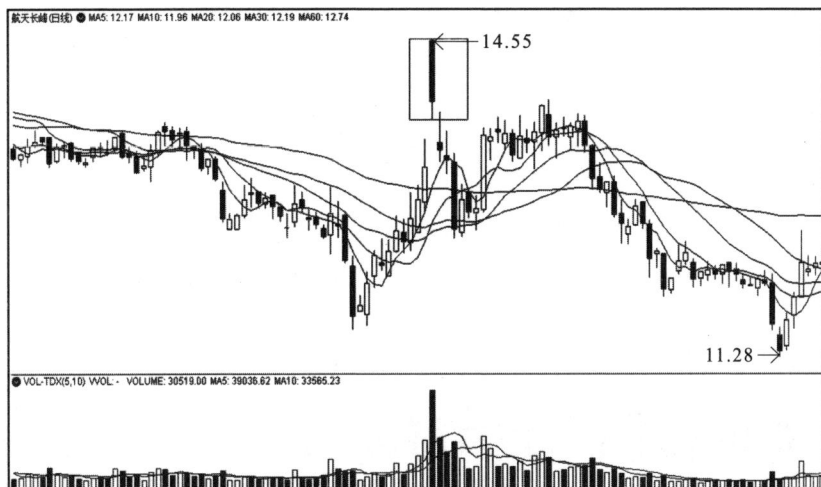

图7-23　孤岛组合

（十）包容组合

这是一根阴线与一根阳线的组合，后一根K线的大实体将前一根K线的小实体完全包容，预示后市将沿大实体的方向发展。如图7-24所示。

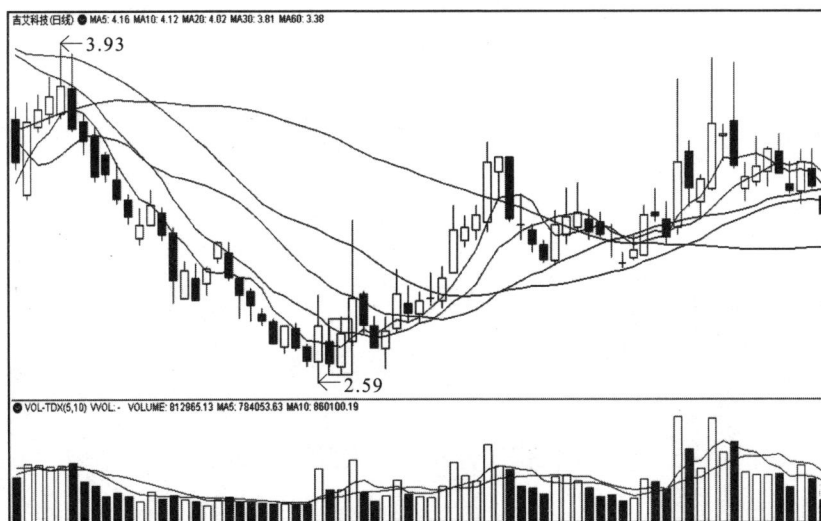

图7-24　包容组合

（十一）孕育组合

组合为阴阳两根 K 线，但与包容组合形式相反，它是后一根 K 线的小实体被前一根 K 线的大实体所包容，称为孕育组合，预示着后市向母体的方向发展，即阳孕阴生阳，阴孕阳生阴。如图 7-25 所示。

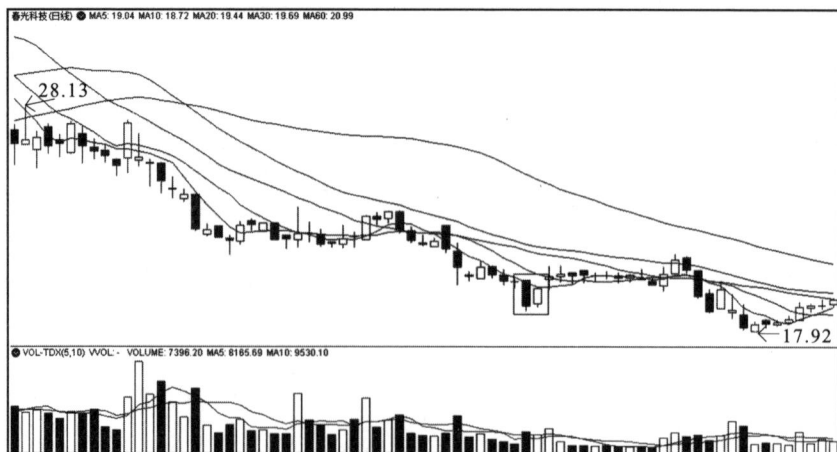

图7-25　孕育组合

第八章

几种常用的技术指标

一、移动平均线（MA）

（一）原理

移动平均线（MA）是根据统计原理，将股票（指数）在一定周期内连续的价格（点数）进行平均，将这些平均值相连所构成的趋势线。周期是 MA 的参数。其计算方法为：

N 日移动平均线＝ N 日收盘价之和 $/N$

移动平均线按时间长短可以分为长期移动平均线、中期移动平均线和短期移动平均线。短期移动平均线，如 MA（5）是将短期（5 天）内股票的收盘价格进行平均；长期移动平均线，如 MA（250）是将长期（250 天）的股票收盘价格进行平均。

在上升市场中，短期移动平均线、中期移动平均线、长期移动平均线的排列顺序依上述顺序排列；在下跌市场中，它们的排列顺序正好相反。

（二）巧用移动平均线判定买卖时机

美国著名的股票技术分析家葛兰碧以股价与均线的关系作为买卖依据，提出了葛兰碧法则，即：

（1）当平均线从下降逐渐转为水平，而股价从平均线的下方向上移并突破平均线时宜买进。

（2）股价短期跌破平均线，但平均线短期内依然继续上升时，宜买进。

（3）当股价连续上升且远离平均线时突然下跌，但未跌破平均线便又上升，此时宜买进。

（4）股价跌破平均线后突然连连暴跌且远离平均线，属于超卖现象，如果这时股价开始回升，宜买进。

（5）当平均线走势由上升逐渐走平，然后转而向下，股价从平均线上方向下跌破平均线，此时是重要的卖出信号。

（6）股价向上突破平均线，但又立刻跌到平均线之下，而这时的平均线仍在继续向下走，此时为卖出信号。

（7）股价跌落于平均线之下，然后又向平均线弹升，但未突破平均线即又告回落，也是卖出信号。

（8）股价急速上升，在平均线上方移动且距平均线越来越远，上涨幅度相当可观时是卖出信号。

（三）运用移动平均线的优缺点

利用移动平均线可观察股价总体走势。移动平均线过滤了股价的偶然变动，有利于选择出入市的时机。利用移动平均线发出的买入或卖出的信号，通常能获得颇为可观的回报。此外，移动平均线分析比较简单，使投资者能清楚地了解当前股票的价格动向。

但是，移动平均线变动缓慢，有滞后性不易及时把握股价的高峰与低谷。

在价格波幅不大的牛皮市中，平均线与K线，经常出现交叉的买入或卖出信号，使分析者无所适从。

二、MACD 指标

MACD 指标是根据移动平均线原理所发展而来的。该指标通过 DIF 和 DEA 连接起来的移动平均线以及 DIF 减去 DEA 值而绘制成的柱状图（BAR）等来分析和判断行情，是预测股价中短期趋势主要的技术分析指标。

MACD 指标实际就是运用快速与慢速移动平均线聚合与分离的特征，来研判买进与卖出的时机。在实际应用中，通常将快速移动平均线参数值设为 12（12 日 EMA），而将慢速移动平均线参数值设为 26（26 日 EMA）。

MACD 具体计算公式如下：

$$12\text{日平滑系数（L12）}=2/（12+1）=0.1538$$

$$26\text{日平滑系数（L26）}=2/（26+1）=0.0741$$

$$12\text{日指数平均值（12日EMA）}=L12X\text{当日收盘指数}+11/（12+1）$$
$$×\text{昨日的12日EMA}$$

$$26\text{日指数平均值（26日EMA）}=L26X\text{当日收盘指数}+25/（26+1）$$
$$×\text{昨日的26日EMA}$$

$$\text{差离率（DIF）}=12\text{日EMA}-26\text{日EMA}$$

$$9\text{日DIF平均值（DEA）}=\text{最近9日的DIF之和}/9$$

$$\text{柱状值（BAR）}=DIF-DEA$$

$$MACD=（\text{当日的DIF}-\text{昨日的DIF}）×0.2+\text{昨日的MACD}$$

当股价走势为波段走势时，MACD 可发挥其应有的功能。但当市场呈牛皮市盘整格局，股价不上不下时，MACD 买卖信号不明显。此外，当出现急升急跌行情时，MACD 由于来不及反映而出现信号滞后。所以，用 MACD 来进行分析时，最好用其他的技术指标作为辅助工具，以便为买卖信号做出多次确认。

三、均量线

均量线是反映一定时期内市场的平均成交情况及交投趋势的一种技术性指标。将一定时期内的成交量相加后平均，在成交量的柱状图中形成一条较为平滑的曲线，即均量线。一般情况下，均量线以 5 日、10 日、30 日作为采样天数，其中 5 日均量线代表短期的交投趋势，10 日均量线代表中期的交投趋势，30 日均量线则代表较长期的交投趋势。

均量线有以下一些应用技巧：

（1）在上涨行情初期，均量线随股价上升而不断创出新高，显示市场人气的聚集过程。行情进入尾声时，尽管股价再创新高，均量线多已疲软，出现了量价背离，这时表明市场追高跟进意愿发生变化，股价接近峰顶区，投资者可以寻找机会卖出。

（2）在下跌行情初期，均量线一般随股价下跌而持续下跌，显示市场人气涣散。行情接近尾声时，股价不断跌出新低，而均量线多已走平或有上升迹象，表明股价已经见底，投资者可以考虑伺机买进。

（3）对设有两条均量线的成交量图，当短期均量线在长期均量线上方并继续上扬时，行情将会保持上涨势头；反之，当短期均量线在长期均量线下方并继续下行时，显示跌势仍将继续。而均量线不论是向上或向下的拐头走势，都预示着行情可能转势，是一种警戒信号。

（4）当短期均量线与长期均量线交叉而出现金叉或死叉时，则是行情转势的确认，这时应配合其他技术指标一并研判，从而做出有利的投资抉择。

（5）在盘局时，短期均量线与长期均量线出现黏合，而最后短期均量线向下或向上突破长期均量线，预示着行情打破盘局的方向，是一种较为准确的突破辅助信号。

四、BOLL（布林线）指标

BOLL（布林线）指标是用该指标的创始人约翰·布林的姓来命名的。该指标是根据统计学中的标准差原理设计出来的一种非常简单实用的技术分析指标，是研判市场运动趋势的一种工具。

布林指标属路径指标，股价在"上限"和"下限"的区间之内波动，"上限"和"下限"构成带状区间，其宽窄随着股价波动幅度的大小而变化，股价涨跌幅度加大时，带状区间会变宽，涨跌幅度减小时，带状区间会变窄。

（一）计算方法

布林线引进了统计学中的标准差概念，涉及中轨线（MB）、上轨线（UP）和下轨线（DN）的计算。由于选用的计算周期不同，BOLL 指标包括日 BOLL 指标、周 BOLL 指标、月 BOLL 指标和年 BOLL 指标等。虽然它们计算时的取值有所不同，但基本的计算方法一致。下面以日 BOLL 指标计算为例，其计算方法如下：

（1）计算 MA。

MA = N 日内的收盘价之和 / N

（2）计算标准差 MD。

$$MD = \sqrt{\frac{(C-MA)^2}{N}}$$

式中：C 为 N 日累计收盘价。

（3）计算 MB、UP、DN。

MB =（$N-1$）日的 MA

UP = MB + 2 × MD

DN = MB − 2 × MD

（二）应用技巧

（1）当布林线的三条轨道线同时向上运行时，说明股价强势特征非常明显，股价短期内将继续上涨，投资者应持股待涨或逢低买入。

（2）当布林线的三条轨道线同时向下运行时，说明股价的弱势特征非常明显，股价短期内将继续下跌，投资者应持币观望或逢高卖出。

（3）当布林线的上轨线开始向下运行，中轨线和下轨线却还在向上运行时，说明股价处于整理状态之中。当股价处于长期上升趋势时，则说明股价是上涨途中的强势整理，投资者可以持股观望或逢低短线买入；当股价是处于长期下跌趋势时，则表明股价即将下跌。

（4）当布林线的上、中、下轨线几乎同时处于水平方向横向运行时，则要看市场目前的走势是处于什么样的情况再进行判断。

① 如果市场前期一直处于长时间的下跌行情，之后开始出现布林线的三条轨道线横向移动，投资者可以开始分批少量建仓，一旦三条轨道线向上发散，则可加大做多的力度。

② 如果市场前期处于小幅的上涨行情时，开始出现布林线的三条轨道线横向移动，投资者可以持股待涨或逢低做多，一旦三条轨道线向上发散，则可短线加码做多。

③ 如果在市场刚刚经历一轮大跌行情后，出现布林线的三条轨道线横向移动，投资者应以逢高减持或者做空为主，一旦三条轨道线向下发散，则坚决做空。

五、KDJ 指标

KDJ（随机指标）指标是乔治·蓝恩博士最早提出来的一种技术分析指标，早期用于期货市场的分析，后被广泛用于股市的短期趋势分析，是期货和股票市场上最常用的一种技术分析工具。

（一）指标原理

随机指标 KDJ 融合了动量观念、强弱指标和移动平均线的一些优点，主要是研究最高价、最低价和收盘价之间的关系。它是利用价格波动的真实波幅来反映价格走势的强弱和超买超卖现象。

随机指标 KDJ 是以最高价、最低价及收盘价为基本数据进行计算，得出的 K 值、D 值和 J 值分别在指标的坐标上形成点，再把它们连接起来，就形成一个完整的、能反映价格波动趋势的 KDJ 指标。

（二）计算方法

以日 KDJ 的计算为例，其计算公式如下：

$$n日RSV = (Cn - Ln) / (Hn - Ln) \times 100$$

式中：Cn 为第 n 日收盘价；Ln 为 n 日内的最低价；Hn 为 n 日内的最高价；RSV 值始终在 1 ~ 100 间波动。

当日 K 值＝ 2/3 × 前日 K 值＋ 1/3 × 当日 RSV

当日 D 值＝ 2/3 × 前日 D 值＋ 1/3 × 当日 K 值

当日 J 值＝ 3 × 当日 D 值－ 2 × 当日 K 值

若无前一日 K 值与 D 值，则可分别用 50 来代替。

（三）应用技巧

KDJ 指标是一种比较敏感的短期指标。当股价或股指在一定幅度的箱形之中运行时，它将发出非常准确的买入和卖出信号。若市场处于极强或者极弱势，KDJ 必然发生高位钝化和低位钝化的情况。通常，它在实际中的应用有以下一些技巧：

（1）当 K 值逐渐大于 D 值，在图形上表现为 K 线从下方上穿 D 线，显示目前趋势是向上的。所以，在图形上当 K 线向上突破 D 线时，是买进的信号。

实战中，当 K、D 线在 20 以下交叉向上，是较为准确的短期买入信号；如果 K 值在 50 以下，由下向上两次上穿 D 线，形成右底比左底高的"W 底"形态时，后市可能会有相当大的涨幅。

（2）当 K 值逐渐小于 D 值，在图形上表现为 K 线从上方下穿 D 线，显示目前趋势是向下的。所以，在图形上当 K 线向下突破 D 线时，是卖出的信号。

实战中，当 K、D 线在 80 以上交叉向下，是较为准确的短期卖出信号；如果 K 值在 50 以上，由上向下两次下穿 D 值，形成右头比左头低的"M 头"形态时，后市股价可能会有较大的跌幅。

（3）通过 KDJ 与股价背离的走势来进行判断：

① 当股价没有创新高，而 K、D 值创新高时，为底背离，应买入。

② 当股价没有创新低，而 K、D 值创新低时，为顶背离，应卖出。

③ 当股价创新高，而 K、D 值没有创新高，为顶背离，应卖出。

④ 当股价创新低，而 K、D 值没有创新低，为底背离，应买入。

六、BIAS（乖离率）指标

（一）原理

BIAS 称为乖离率，简称 Y 值，它是从移动平均线原理派生的一项技术指标，反映了当天指数或个别股价与移动平均线之间的差距。其功能主要是通过测算股价在波动过程中与移动平均线出现的偏离程度，从而得出股价在剧烈波动时因偏离移动平均线而造成的可能回档或反弹以及股价是否继续原有趋势的可信度。

乖离率计算公式如下：

$$N 日乖离率＝（当天收市价－N 日内移动平均收市价）/N 日内$$
$$移动平均市价 \times 100\%$$

式中：参数 N 可按自己选用的移动平均线确定，一般有 5 天、10 天、20 天、30 天等。

由于乖离率是配合移动平均线考虑的，所以，其参数就是移动平均线的参数。

在葛兰碧法则中曾经提到，股价急速上升，远离平均线，是卖出信号；急速下跌，远离平均线，是买入的信号，这里"远离"的距离是以乖离率来衡量的。

乖离率的主要原理就是：如果股价离移动平均线太远，不管股价在移动平均线之上或之下，都有可能趋向平均线。移动平均线为一段时间中多头与空头力量的均衡点，而乖离率表示的是现价和均衡点之间的差异和乖离程度。一般来说，距离越远，则表示多空反转的可能性越大。

（二）巧用乖离率判定买卖点

乖离率有正负之分，当股价位于平均线之上，为正乖离率；当股价位于平均线之下，则为负乖离率；当股价与平均线相交时，乖离率为零。随着股价走势的变动，乖离率的高低有一定的预测功能。

（1）正的乖离率越大，表明短期内多头获利越多，获利回吐的可能性也就越大，可择机卖出。

（2）负的乖离率的绝对值越大，则空头回补的可能性也就越大，可短线介入。

（3）短线、中线、长线的乖离率一般均有规律可循。短线 6 日 BIAS ＞＋5%，是卖出的时机；6 日 BIAS ＜ –5%，为买入的时机。中线 12 日 BIAS ＞＋6% 是卖出的时机；中线 12 日 BIAS ＜ –5.5%，为买入的时机。长线 24 日 BIAS ＞＋ 9% 是卖出的时机；长线 24 日 BIAS ＜ –8%，为买入的时机。

（4）对于有些个股，由于受多空双方激战的影响，股价和各种平均线的乖离率容易偏高，因此要灵活运用。

（5）当股价与平均线之间的乖离率达到最大百分比时，就会向零值逼近，有时也会低于零或高于零，这都属于正常现象。

（6）多头市场的暴涨和空头市场的暴跌，都会使乖离率达到意想不到的百分比值，但出现的次数极少，而且持续时间也很短，因此，可以将其看作一种特殊情形。

在分析和预测股价走势时，只用单一乖离率作为研判依据，有时会出现一定的偏差，尤其是在极端行情中。所以，在实际应用中，投资者应该将 BIAS 的走势与个股历史走势相比较，投资者可根据具体情况，确定适合个股的指标临界点。

第九章

K线形态分析理论

一、形态分析的基本理论

（一）形态分析

形态分析是技术分析领域中应用较早也是发展最为成熟的一种方法。对多根K线组合的分析由于K线排列数量的增加使分析变得过于复杂，由此派生出一种简化的方法：不看单根K线的阴阳变化，而是通过一段时间以来的股价运行轨迹所形成的形态来反映多空双方力量的对比，从而得到有价值的结论，这样，就产生了形态学说。

形态分析是技术分析的重要组成部分，它通过对市场横向运动时形成的各种价格形态进行分析，并且配合成交量的变化，推断市场现在的趋势将会延续或反转。

价格形态可分为反转形态和持续形态，反转形态表示市场经过一段时期的酝酿后，会改变原有的趋势向相反的方向发展；持续形态则表示市场将顺着原有趋势的方向发展。

（二）股价运行规律

股价的运行是由多空双方力量大小决定的。股价运行的规律是完全按照多空双方力量对比大小和所占优势的大小而运行的。

股价的运行应该遵循这样的规律：

（1）股价应在多空双方取得均衡的位置上下波动。

（2）原有的平衡被打破后，股价将寻找新的平衡位置，即持续整理，保持平衡→打破平衡→新的平衡→再打破平衡→再寻找新的平衡……一直延续下去。

（三）形态类型

股价运行的形态分成两大类型：一是持续整理形态，二是反转突破形态。前者保持平衡，后者打破平衡。

1. 持续整理形态

持续整理形态是指股价经过一段时间的运行后不再向前发展，而在一定区域内上下进行窄幅波动，待时机成熟后再继续以往的走势。市场有明确的趋势存在，是持续整理形态成立的前提。市场经过一段趋势的运行后，积累了大量的获利筹码，随着获利盘纷纷套现，价格出现回落，但同时对后市继续看好的交易者大量入场，对股价形成支撑，从而在高价区进行小幅震荡。市场采用横向波动的方式消化获利筹码，重新积聚能量，恢复了原先的趋势。持续整理形态即为市场的横向波动，表明市场原有趋势的暂时休整。

在持续整理形态形成的过程中，价格震荡幅度应当逐步收窄，成交量也应逐步萎缩。最后在价格顺着原趋势方向突破时，应当伴随大的成交量。

持续整理的形态通常有三角形、矩形、旗形、楔形、碟形等形态。

2. 反转形态

反转形态是指股票价格改变原有的运行趋势所形成的运行轨迹。反转形态存在的前提是市场有明确的趋势，在经过横向波动后改变了原有的趋势。

反转形态的规模，包括空间和时间跨度，决定了随之而来的市场运行的规模。原来形态的规模越大，新趋势的市场规模也越大。

在底部区域，市场形成反转形态需要较长的时间，而在顶部区域，则经历的时间较短，但其波动性远大于底部形态。

成交量是确认反转形态的重要指标，在向上突破时，成交量更具参考价值。反转突破形态通常包括单顶和单针探底、双重顶底、头肩顶底、三重顶底、潜伏顶底、圆形顶底、V 形反转等形态。

二、持续整理形态

（一）三角形整理形态

三角形的走势反映股价在盘整过程中，振幅从宽到窄，呈现三角形的形态。

1. 对称三角形

如图 9-1 所示，对称三角形在其价格变动过程中，振幅逐渐缩小，也就是说每次变动的最高价低于前次的水平，而最低价比前次水平高，其上限向下倾斜，下限向上倾斜，把短期高点和低点分别连接起来，就可以形成一个对称三角形。对称三角形的成交量因股价变动幅度越来越小而递减，随后，当股价突然跳出三角形时，成交量随之变大。

根据经验，对称三角形在走到尖端后，行情的突破方向最大的可能是股价原来的变动方向。

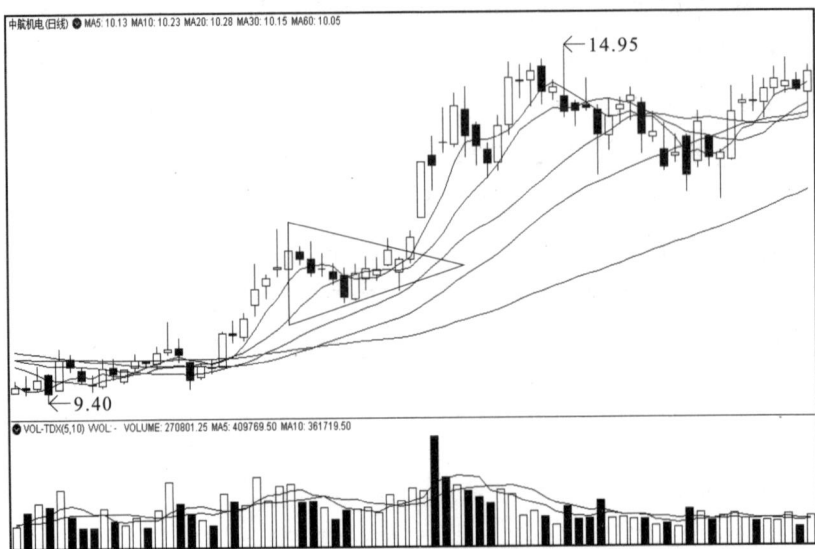

图9-1　对称三角形

2. 上升三角形

如图9-2所示，股价在某水平呈现强大的卖压，价格从该水平下降，但市场的购买力较强，股价未回至上次低点即告弹升，反映在图形上为股价在一条水平阻力线下波动日渐收窄。如果把每一个短期波动高点连接起来，可画出一条水平阻力线；而每一个短期波动低点则可相连出另一条向上倾斜的线，这就是上升三角形，成交量在形态形成的过程中不断减少。

上升三角形显示买卖双方在该范围内的较量中，买方的力量稍占上风。卖方在其特定的价位不断沽售，这样，在同一价格的沽售形成了一条水平的供给线。不过，市场的购买力量很强，他们不待股价回落到上次的低点，便迫不及待地购进，因此，形成一条向右上方倾斜的需求曲线。

上升三角形与对称三角形不同之处在于，其高点是一致的，低点一个比一个高，形成一个由一条水平线和一条向上倾斜的直线组成的三角形。

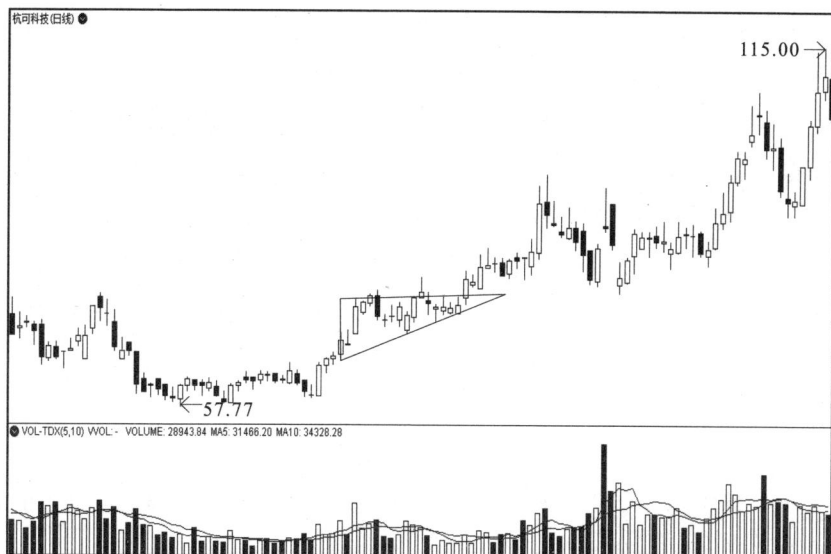

图9-2　上升三角形

3. 下降三角形

如图 9-3 所示，下降三角形与上升三角形正好相反，股价在低位遇到承接，因此，股价每回落至该价位便告回升，形成一条水平线。但市场的沽售力量却不断加强，股价每一次波动的高点都较前次低，于是形成一条向下倾斜的压力线。

图9-3　下降三角形

下降三角形同样是多空双方在某价格区域内的较量表现，然而，双方力量却与上升三角形所显示的情形相反：空方不断地增强沽售压力，股价还没回升到上次高点便再沽出，而多方只是坚守着某一价格的防线，使股价每回落到该点位便获得支撑。需要注意的是，这有可能是主力在低位托价，以达到出货的目的。

（二）喇叭形

喇叭形是三角形的演化形态。如图9-4所示，股价经过一段时间的上升后出现回调，然后不断上涨、下跌，每一次上升的高点较上次高，下跌的低点亦较上次低点低。把上下的高点和低点分别连接起来，整个形态呈现为一个以狭窄的波动开始，然后向上下两方扩大的形态，这便是喇叭形。

喇叭形通常在长期性上升的最后阶段出现，在整个形态形成的过程中，成交量呈现不规则的变化。喇叭形是大跌市来临前的先兆，它很少在跌市的底部出现，通常认为是一种下跌形态。

图9-4　喇叭形

（三）菱形

菱形也称钻石形，如图9-5所示，左半部和喇叭形一样，第二个上升点较前一个高，回落低点亦较前一个低，当第三次回升后，高点不能再升越前次高点水平，接着的下跌回落点却又较上一低点高，股价的波动从不断地向外扩散转为向内收窄，右半部的变化类似于对称三角形。

菱形通常在中级下跌前的顶部出现，是一种顶部看跌的形态。菱形最小跌幅为形态内最高点和最低点的垂直距离。与喇叭形一样，菱形在市场上出现的次数也不多。

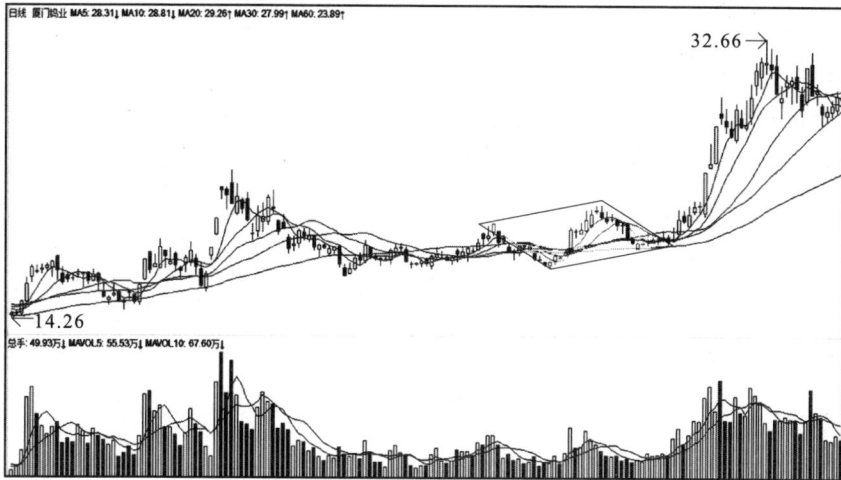

图9-5　菱形

（四）矩形

矩形也称箱形，是股价在两条水平的上下界线之间变动而形成的形态。股价在其范围内出现整理，价格上升到某水平时遇阻力，掉头回落，但很快便获得支撑而回升，回升到上次同一高点时再一次受阻回落，回落到上次低点时则再得到支撑。将这些短期高点和低点分别以直线连接起来，便可以绘出一条通道，这个通道既不上倾也不下降，而是平行发展，这就是矩形形态（图9-6）。

图9-6　矩形

这种形态一方面说明，多空双方的力量在该范围内达到均衡状态，谁也占不了谁的便宜；另一方面也说明，投资者因后市发展不明朗，投资态度变得摇摆不定。

一般来说，矩形是整理形态，牛市、熊市和平衡市都可能出现。长而窄，且成交量小的矩形在底部较常出现。

新股民需要注意的是，在矩形形成的过程中，除非有突发性的消息，其成交量应该是不断减少的。向上突破矩形后，股价经常出现反抽，这种情形通常会在突破后的3～4周内出现，反抽将止于上线水平。向下跌破后的假性回升，将受阻于底线水平。

（五）旗形

旗形在形状上是一个上倾或下倾的平行四边形，就像一面挂在旗杆顶上的旗帜。这种形态通常在急速而又大幅波动的市场中出现。旗形走势又可分为上升旗形和下降旗形。

1. 上升旗形

上升旗形（图9-7）是在股价经过陡峭的飙升后，形成一个紧密、狭窄和稍微向下倾斜的价格密集区域。将这些密集区域的高点和低点分别连接起来，就可以画出两条平行而又向下倾斜的直线，这就是上升旗形。

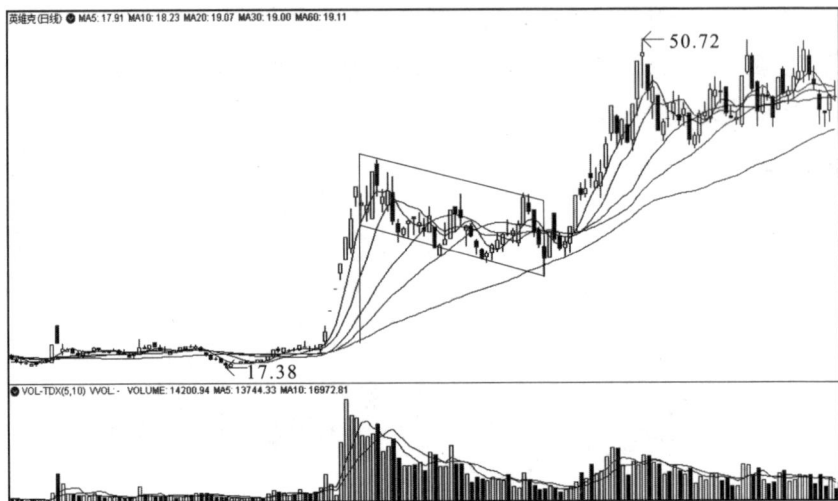

图9-7　上升旗形

2. 下降旗形

下降旗形（图9-8）的形式与上升旗形的形成相反，当股价出现急速或垂直的下跌后，接着形成一个波动幅度狭窄、紧密而又稍微上倾的价格密集区域，将这些密集区域的高点和低点分别连接起来，就可以画出两条平行而又向上倾斜的直线，像一条上升通道，这就是下降旗形。

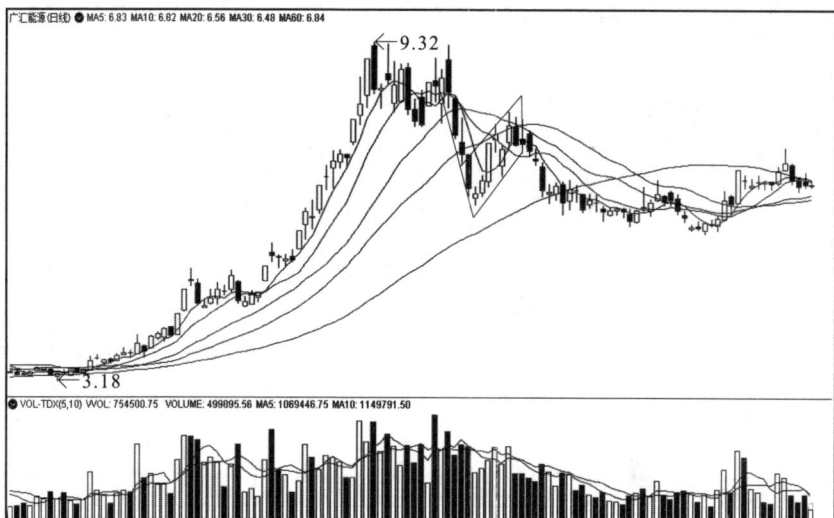

图9-8　下降旗形

3. 旗形的特点

成交量在旗形的形成过程中，是渐次递减的。

旗形是一个整理形态，即形态完成后股价将继续原来的趋势方向运行，上升旗形将向上突破，而下降旗形则是向下跌破，上升旗形大部分在牛市第三期中出现，因此，此形态暗示升市可能进入尾声阶段。下降旗形大多在熊市第一期出现，这种形态显示大市可能做垂直式的下跌。因此，此阶段中形成的旗形十分细小，可能在3～4个交易日内就已经完成，如果在熊市第三期中出现，旗形形成则需要较长的时间，而且跌破后只做有限度的下跌。

（六）楔形

楔形的股价在两条收敛的直线中变动，与三角线不同之处在于两条界线同时上倾或下斜，成交量变化和三角形一样向顶端递减。楔形又分为上升楔形和下降楔形。

1. 上升楔形

如图9-9所示，股价经过一次下跌后有技术性反弹，价格升至一定水平又掉头回落，但回落点较前次高；随后又上升至新高点，但新高点比上次反弹点高。随后又回落，形成一浪高过一浪之势。把短期的高点、低点相连，形成两条向上的倾斜直线，下面一条则较为陡峭。

上升楔形是一个整理形态，常在跌市的回升阶段出现。上升楔形显示跌势尚未见底，只是一次跌后的技术性反弹而已，当其跌破下限后，就是卖出信号。

图9-9　上升楔形

2.下降楔形

如图 9-10 所示，与上升楔形相反，下降楔形的两条线同时向下倾斜。

下降楔形的市场含义和上升楔形刚刚相反。股价经过一段时间上升后，出现了获利回吐，虽然下降楔形的底线往下倾斜，但是市场的卖压减弱。

图9-10　下降楔形

下降楔形也是一个整理形态，通常在中长期升市的回落调整阶段中出现。一般来说，形态大多是向上突破，当其突破上限阻力时，就是一个买入信号。

（七）碟形

碟形（图9-11）的股价与成交量的变动情形和圆形的反转形态差不多，标准的碟形是以一连串的圆形底的形态构成，每一个圆形底的尾部价格比开始时高出一些。

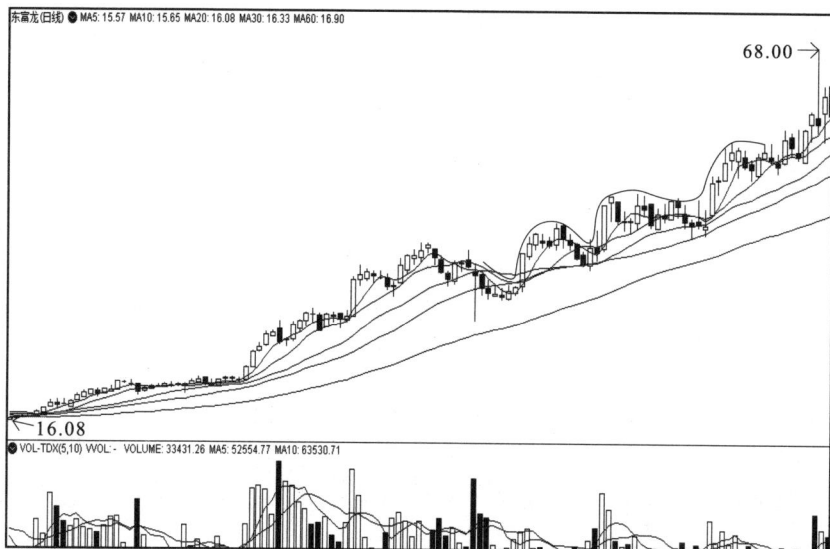

图9-11 碟形

碟形具有上升的意义，不过上升的步伐稳健而缓慢，并非大幅上涨。每当升势转急时，便马上遭受回吐的压力，但回吐的压力不强。当成交量减少到一个低点时，另一次上升又开始，股价就这样慢慢盘升上去。

碟形是一种上升形态，每一个圆形的底部都是一个理想的买入点。当碟形走势可以确定时，股价波动的趋势将会一直持续，直到图上出现其他形态为止。

三、反转形态

（一）双重顶底

1. 双重顶

股价上升到某一价格水平时，成交量放大，股价随之下跌，成交量减少。接着股价又升至与前一个价格几乎相等的顶点，成交量虽随之增加却不能达到上一个高峰的成交量，随后出现再一次的下跌，股价的移动轨迹就像字母"M"，这就是双重顶，又称 M 头走势（图9-12）。

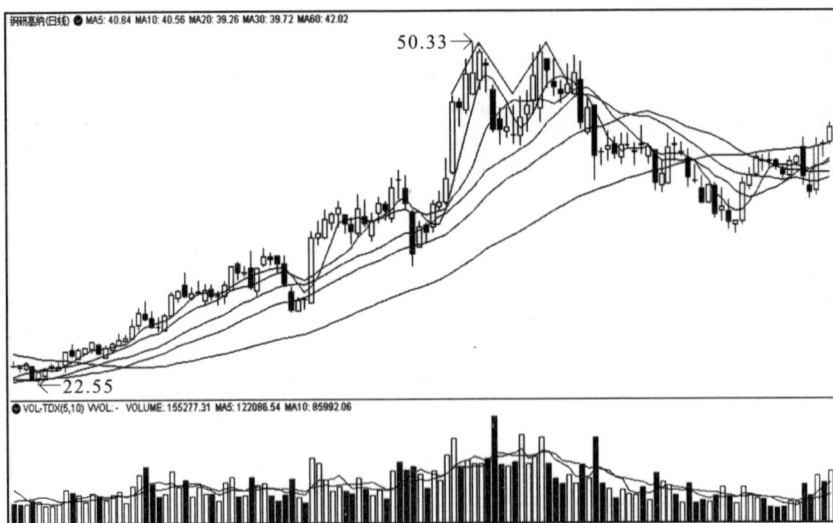

图9-12　双重顶

双重顶必须突破颈线位，形态才算完成，双头的颈线位是第一次从高峰回落的最低点。

双重顶的形成有其市场含义。股价持续上升为投资者带来了利润，于是他们选择卖出，这一股卖出力量令上升的行情转为下跌。当股价回落到某水平时，吸引了部分短期投资者，另外较早前卖出获利的投资者也可能再次买入，于是行情开始上升。与此同时，对该股信心不足的投资者会因觉得错过了在第一次的高点出货的机会而马上在再次涨到前次高点位置时出货，加上在低水平买入获利回吐的投资者也同样再度卖出，强大的卖出压力令股价再次下跌。由于在高点两次都受阻，令投资者感到股价无法再继续上升（至少短期该是如此），越来越多的投资者卖出，使股价跌破上次回落的低点（颈线位），于是整个双重顶形态便告形成。

当出现双头时，即表示股价的升势已经终结。所以，当双头形成时，我们可以肯定双头的最高点就是该股的顶点。

双重顶跌破颈线，就是一个可靠的出货信号。

2. 双重底

如图 9-13 所示，股价持续下跌到某一水平后出现技术性反弹，但回升幅度不大，时间也不长，股价又再一次下跌。当跌至上次低点时获得支撑而出现回升，这次回升时成交量要大于前次反弹时的成交量。股价在这段时间的移动轨迹就像字母 "W"，这就是双重底，又称 "W" 走势。

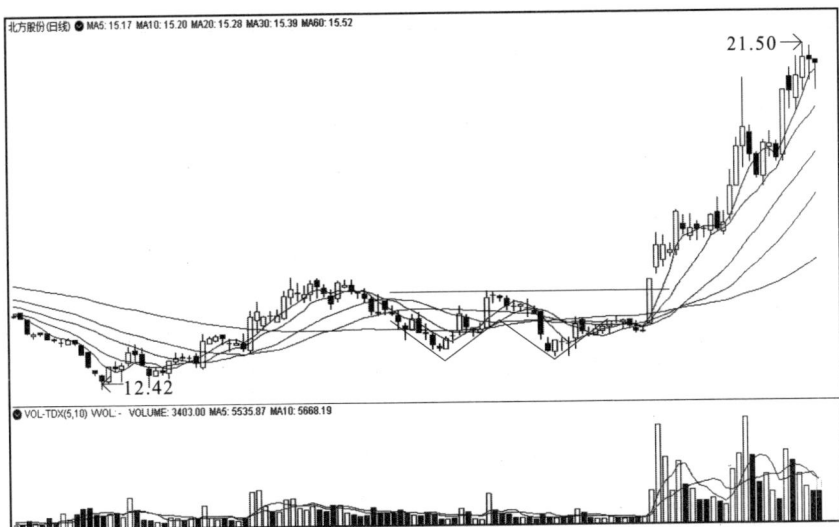

图9-13　双重底

双重底必须突破颈线位，形态才算完成，双底的颈线位就是第一次从低点反弹的最高点。

双重底的形成有其市场含义。股价持续的下跌令持股的投资者觉得价格太低而惜售，而一些新的投资者则受低价的吸引而尝试买入，于是股价出现回升。当股价上升至某水平时，较早的短线投机买入者获利回吐，那些在跌市中买入的投资者也趁回升时卖出，因此股价又再一次下挫。但对后市充满信心的投资者觉得自己错过了上次低点买入的良机，所以这次股价回落到上次低点时便立即跟进。当越来越多的投资者买入时，需求多供给少的力量便推动股价上升，而且还突破上次回升的高点（颈线位），扭转了过去下跌的趋势。

双重底形态是一个反转形态，当出现双底时，即表示跌势将告一段落。该形态通常出现在长期性趋势的底部，所以双重底的最低点就是该股的底部了。

双重底冲破颈线位时，是一个买入的信号。

（二）头肩顶底

1. 头肩顶

当头肩顶形成的时候，通常在最强烈的上涨趋势中形成左肩，小幅回调后再次上行形成头部，又再次回调后上行形成右肩，由此形成最简单的头肩顶形态（图9-14）。

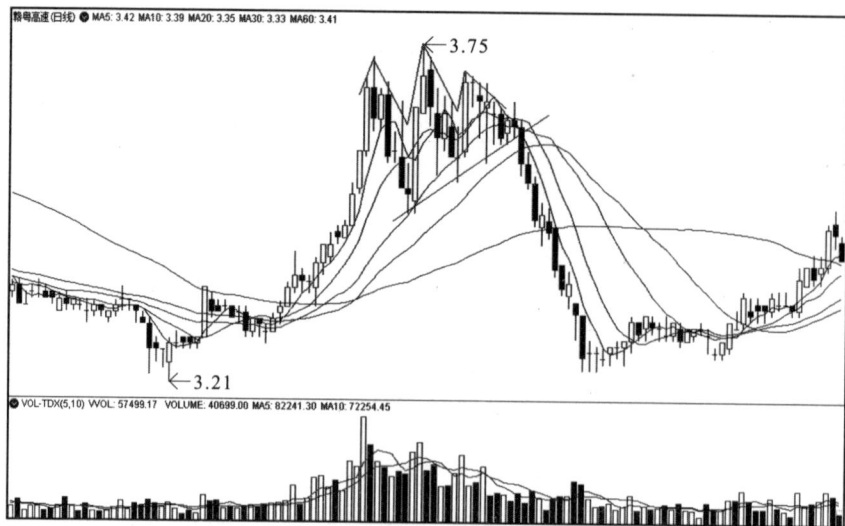

图9-14 头肩顶

头肩顶走势的形成，具体来说，可以划分为几个不同部分：

（1）左肩部分的形成。持续一段上升的时间，成交量放大，过去在任何时间买进的人都有利可图，于是开始获利卖出，令股价出现短期的回落，成交量较上升到顶点时有显著的减少。

（2）头部的形成。股价经过短暂的回落后，又有一次强有力的上升，成交量也随之增加。不过，成交量的最高点较之于左肩部分明显减少。股价升破上次的高点后再一次回落，成交量在此回落期间也同样减少。

（3）右肩部分的形成。股价下跌到接近上次的回落低点又再获得支撑回升，可是，市场投资的情绪明显减弱，成交量较左肩和头部明显减少，股价没法达到头部的高点便告回落，于是形成右肩部分。

（4）突破。从右肩顶下跌，穿破由左肩底和头部底所连接的底部颈线。

总的来说，头肩顶的形状呈现三个明显的高峰，其中位于中间的一个高峰点较其他两个高峰点略高。至于成交量方面，则出现梯级下降。

头肩顶是一个长期性趋势的转向形态，通常会在牛市的尽头出现。当最近一个高点的成交量较前一个高点低时，就暗示了头肩顶出现的可能性；当第三次回升股价未能升到上次的高点，成交量继续下降时，有经验的投资者就会择机卖出。

当头肩顶的颈线被击破时，就是一个明确的卖出信号，虽然股价和最高点比较，已回落了一定的幅度，但跌势还会继续，投资者应该尽快卖出。

2. 头肩底

如图 9-15 所示，形成左肩时，股价下跌，成交量相对增加，接着为一次成交量较小的次级上升。不久股价又再下跌且跌破上次的最低点，成交量再次随着下跌而增加，较左肩反弹阶段时的成交量多——形成头部；从头部最低点回升时，成交量有可能增加，整个头部的成交量较左肩形成时多。

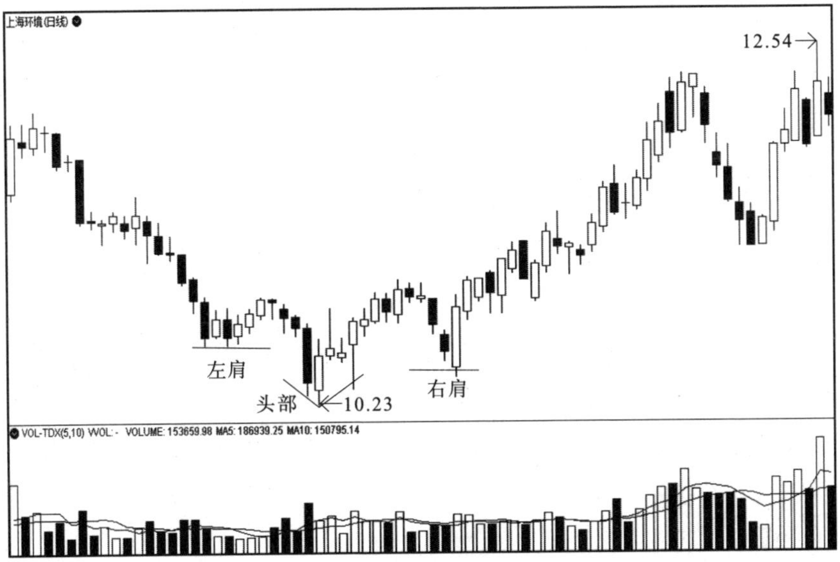

图9-15 头肩底

当股价回升到上次的反弹高点时，出现第三次的回落，这时的成交量少于左肩和头部。股价在跌至左肩的水平时，跌势便稳定下来，形成右肩。

最后，股价启动一次升势，且伴随成交量的增加，当其颈线阻力被突破时，成交量便显著上升，整个头肩底形态便告成立。

头肩底说明过去的长期性下跌趋势已扭转过来。股价一次再一次地下跌，第二次的低点（头部）显然较先前的一个低点更低，但很快掉头反弹，接下来的一次下跌，股价未跌到上次的低点已获得支撑而回升，反映出看好的力量正逐步改变市场过去向淡的形势。当两次反弹的高点阻力线（颈线）被突破后，显示看好的一方已完全把看淡的一方压倒，买方代替卖方控制了市场。

（三）三重顶底

1. 三重顶

三重顶形态和双重顶形态十分相似，只是多一个顶，且各顶分得很开，成交量在上升期间一次比一次少。如图 9-16 所示。

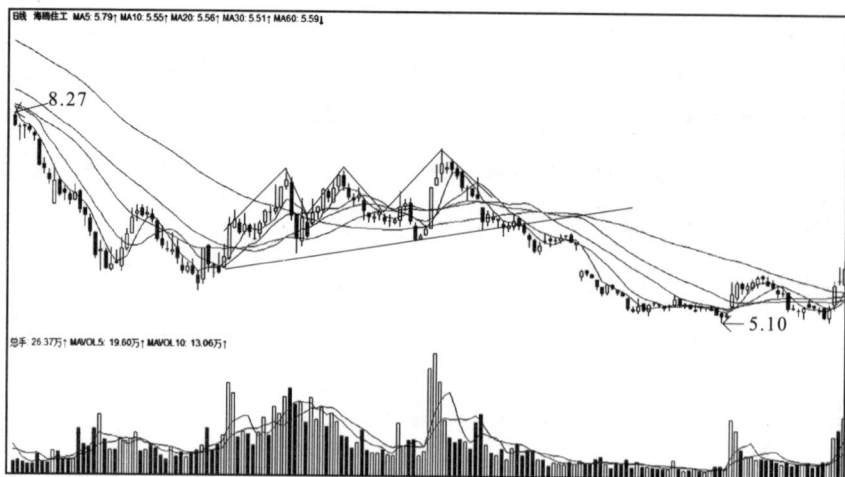

图9-16 三重顶

当股价上升一段时间后投资者开始获利回吐，市场在他们的卖出下从第一个峰顶回落。当股价跌至某一区域即吸引了一些看好后市的投资者的兴趣，另外，以前在高位卖出的投资者也可能逢低回补，于是行情再度回升。在股价回升至前一高位附近时，股价再度走软，但在前一次回档的低点时，被错过前一低点买进机会的投资者及一部分短线投资者的买盘拉起。由于高点两次都受阻而回落，令投资者在股价接近前两次高点时纷纷减仓，股价逐步下滑至前两次低点。此时越来越多的投资者意识到大势已去，均选择卖出，令股价跌破前两次回落的低点（即颈线），于是整个三重顶形态便告成立。

三重顶的顶峰与顶峰的间隔距离与时间不必相等，同时，三重顶的各个顶部不一定要在相同的价位形成，大至相差3%左右。三重顶的第三个顶，成交量非常小时，即显示出下跌的征兆。

2. 三重底

三重底形态是指股价下跌一段时间后，由于股价的调整，使得部分胆大的投资者开始逢低吸纳，而另一些高抛低吸的投资者也进行回补，于是股价出现第一次回升。当升至某一水平时，前期的短线投机者及解套盘开始卖出，股价出现回挫。当股价回落至前一低点附近时，一些短线投资者高抛后开始回补，由于市场抛压不重，股价再次回弹，当回弹至前次回升的高点附近时，前次获利而未能出货的持仓者纷纷抛出，令股价重新回落。但这次回落在前两次反弹的低点获得支撑，该低点处买盘活跃。当越来越多的投资者跟进买入，股价放量突破两次转折回调的高点（颈线位）时，三重底形态宣告成立（图9-17）。

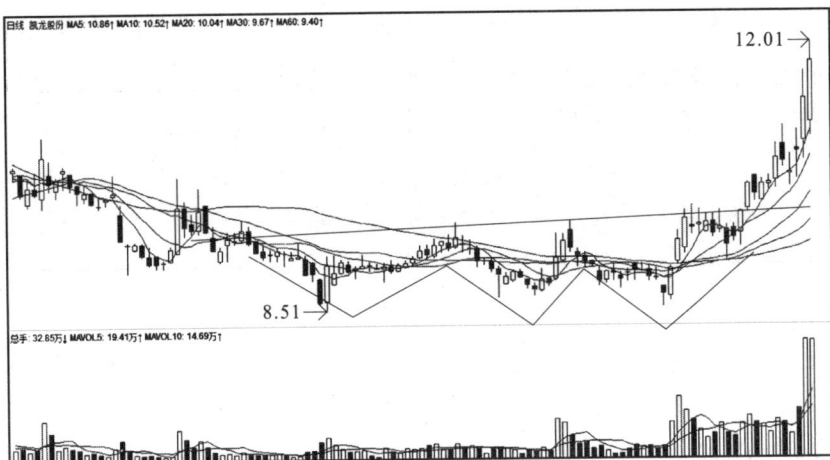

图9-17 三重底

三重底的各个谷底的间隔距离与时间不必一样，同时，三重底的三个低点价格不必相等，大至相差3%左右。三重底在第三个底部上升时，成交量大增，即显示出股价具有突破颈线的趋势。

（四）潜伏顶底

1.潜伏顶

股价经过一段时间的下跌之后，在相对高位的一个范围内横向波动，每日股价的波幅极小，且成交量也十分稀疏。经过一段时间的潜伏静止后，价位和成交量同时摆脱了沉寂不动的闷局，股价大幅向下滑落，成交量也同时放大。这种形态称之为潜伏顶（图9-18）。

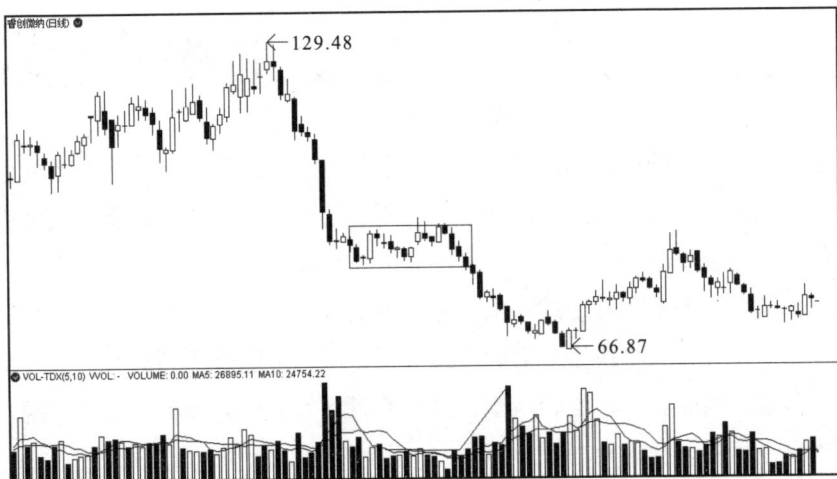

图9-18 潜伏顶

潜伏顶大多出现在下降过程的中间时段。一部分短线投资者在下跌初期已经止损出局，剩下的是一些心存幻想的，当然也没有新的投资者看好这种股票。于是股价就在一个狭窄的区域里波动，既没有上升的趋势，也没有下跌的现象。

最后，该股突然出现不寻常的大量成交，同时伴随着大幅度的下跌，这通常是股票基本面恶化的消息被证实。

2.潜伏底

股价在相对低位的一个极狭窄范围内波动，每日股价的波幅极小，且成交量十分稀疏。经过一段长时间的潜伏后，价位和成交量同时摆脱了沉寂不动的闷局，股价大幅向上拉升，成交量同时放大。这种形态称之为潜伏底（图9-19）。

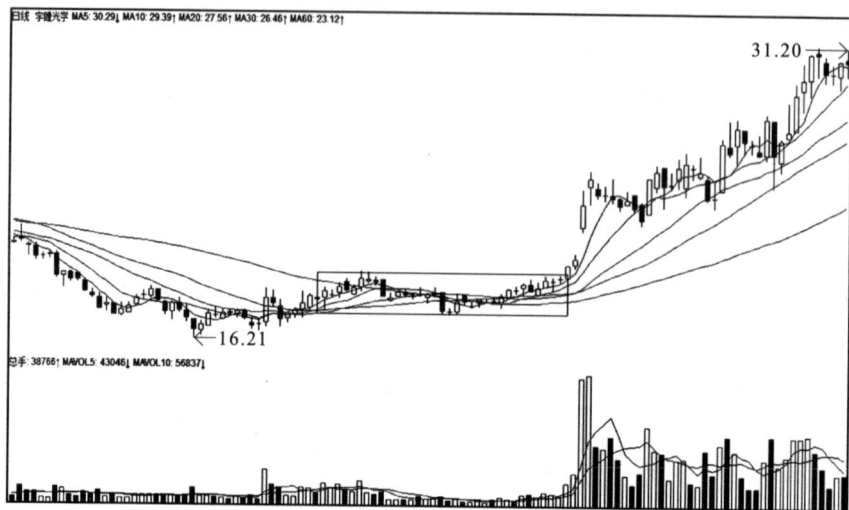

图9-19　潜伏底

潜伏底大多出现在市场冷清之时以及非热点的冷门股上。持有股票的人找不到急于卖出的理由，有意买进的人也找不到急于追入的原因，于是股价就在一个狭窄的区域里波动，既没有上升的趋势，也没有下跌的现象，表现令人感到沉闷，就像处于冬眠时期的蛇虫，潜伏不动。

最后，该股突然出现不寻常的大量成交，原因可能是受到某些突如其来的消息的影响，例如有公司盈利大增、分红前景好等消息的刺激，股价也随之脱离潜伏底，大幅向上扬升。

潜伏底中，先知先觉的投资者在潜伏底形成期间不断地做收集性买入，当形态突破后，未来的上升趋势将会强而有力，而且通常股价的升幅很大。所以，当潜伏底明显向上突破时，值得投资者马上跟进，跟进这些股票风险很低，利润十分可观。

（五）圆形顶底

1. 圆形顶

圆形顶是典型的高位滞涨后的下跌形态。股价呈弧形上升，即虽不断升高，但每一个高点也高不了多少就出现回落，先是新高点较前高点高，后是回升高点略低于前高点。把短期高点连接起来，就形成一圆形顶，在成交量方面也出现一个圆弧的形状。

经过一段买方力量强于卖方力量的升势之后，买方趋弱或仅能维持原来的购买力量，使涨势缓和，而卖方力量却不断加强，股价开始不断回落。开始只是慢慢改变，跌势不明显，但后期则由卖方完全控制市场，跌势便告形成，一个大跌市即将来临，一部分先知先觉者在形成圆形顶前离场观望。如图9-20所示。

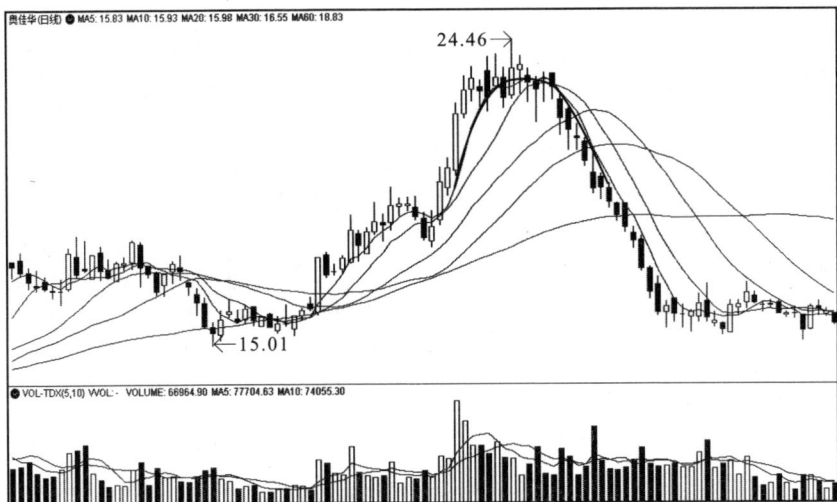

图9-20　圆形顶

有时，当圆形顶形成后，股价并不会马上下跌，而是横向波动形成徘徊区域，这个徘徊区域称作碗柄。一般来说，碗柄很快就会被突破，股价继续朝着预期中的下跌趋势发展。投资者需注意的是这是在圆形顶完全形成前的最后撤离机会。

2. 圆形底

圆形底是一种中长期的底部形态。经过初期的暴跌之后，股价虽不断继续降低，但跌幅已经越来越小。股价先是不断创新低，然后缓慢地回升，这样把股价的低点连接起来，就形成圆形底，在成交量方面也会呈现一个圆弧形（图9-21）。

圆形底有其市场含义。在底部时表现为股价呈缓慢下跌，成交量持续下降。这时候股价虽是下跌，然而幅度较小；在底部时仅有极小的成交量。随着买方开始增加，随之上升，最后买方完全控制市场，价格大幅上扬，出现突破性的上升局面。成交量方面，初时缓慢地减小到一个水平，然后又增加，形成一个圆弧形。

这种形态显示一次巨大的升市即将来临，投资者可以在圆形底升势转急之初买入。如图9-21所示。

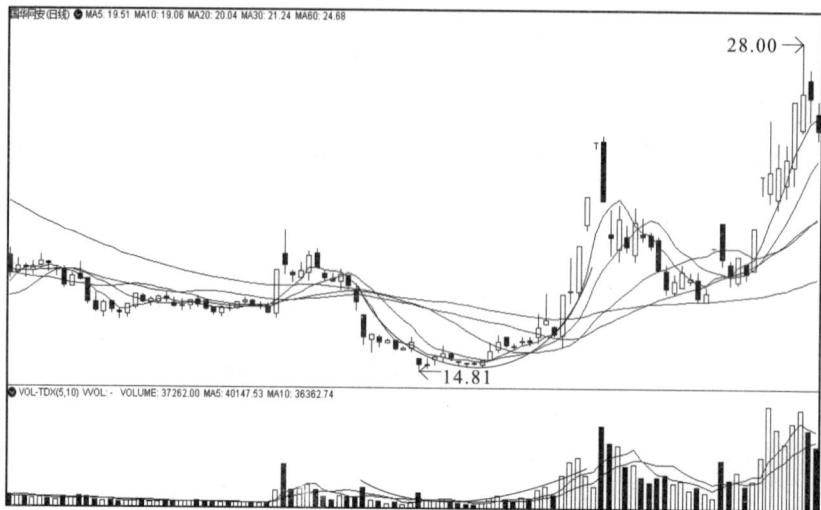

图9-21　圆形底

（六）V形反转

1. 倒V形顶

如图9-22所示，倒V形顶走势，可分为以下三个阶段：

（1）上升阶段。通常倒V形的左方升势十分陡峭，而且会持续一段时间。

（2）转势点。倒V形的顶部十分尖锐，一般来说形成这种转势点的时间仅有2～3个交易日，而且成交量在高点处明显增多。

（3）下跌阶段。转势点形成后股价从高点回落。

倒V形的市场含义为在市场看好的情绪下股价节节攀升，但是突如其来的一个因素扭转了整个趋势，股价以上升时同样的速度下跌，形成一个倒V形的移动轨迹。

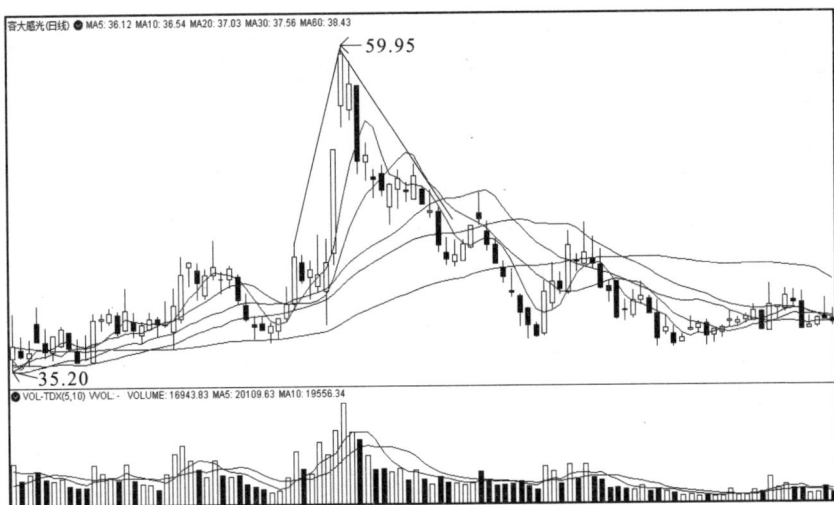

图9-22 倒V形顶

2.V形底

如图9-23所示，V形底走势，可分为三个阶段：

（1）下跌阶段。通常V形的左方跌势十分陡峭，而且持续一段时间。

（2）转势点。V形的底部十分尖锐，一般来说形成转势点的时间仅有2～3个交易日，而且成交量在低点处明显增多，有时候转势点就在恐慌的交易日中出现。

（3）回升阶段。股价从低点回升，成交量也随之增加。

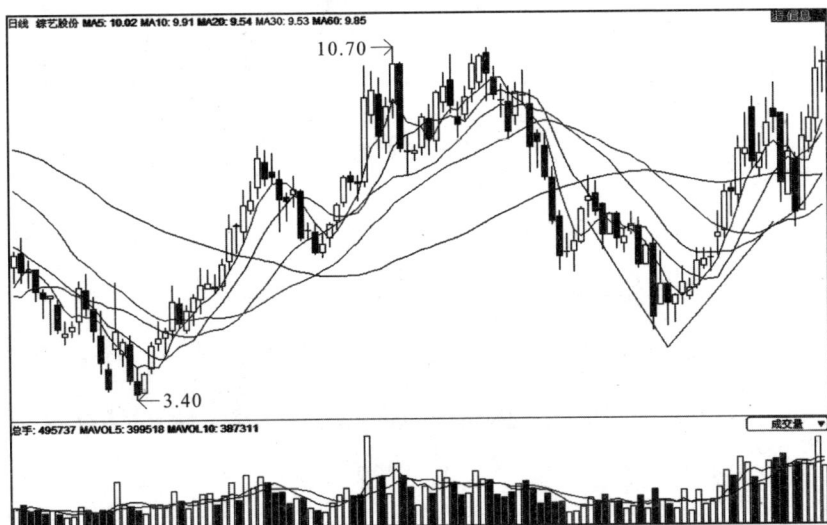

图9-23 V形底

　　延伸V形走势是V形走势的变形。在形成V形走势期间，其中上升或是下跌阶段出现变化，股价有一部分出现横向发展的成交区域，其后这一区域被打破，就完成了整个形态。

　　V形底有其市场含义。由于市场中卖方的力量很大，令股价稳定而又持续地回落。当卖方力量逐渐减弱之时，买方的力量完全控制了整个市场，使得股价出现戏剧性的回升，几乎以下跌时同样的速度收复所有失地。因此，股价在图形上的运行形成一个V形的移动轨迹。

　　V形走势是一个转向形态，显示过去的趋势已逆转过来。股价在突破延伸V形的徘徊区底部时，必须有成交量增加的配合。

（七）岛形顶底

1. 岛形顶

　　如图9-24所示，股市持续上升一段时间后，某日忽然呈现缺口性上升，接着股价在高位徘徊，很快价格又再出现缺口性下跌。两边的缺口大约在同一价格区域内发生，使高水平争夺的区域在图形上看起来就像一个岛屿的形状，两边的缺口令岛屿孤立独耸于海洋之上，成交量在形成岛形期间出现放大。

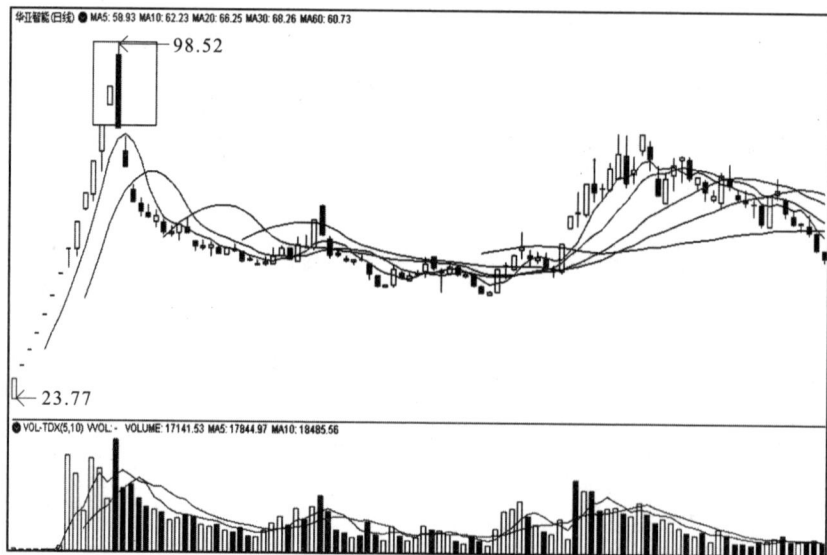

图9-24　岛形顶

　　岛形顶有其市场含义。股价不断地上升，使原来想买入的投资者无法在预期的价位追入。持续的升势令他们终于忍不住不计成本地抢入，于是形成一个上升缺口。可是股价却没有因为这样的跳升而继续向上，在高位明显受阻，经过短时间的争夺后，股价终于无法维持在高位而出现缺口性下跌。

在岛形顶前出现的缺口为消耗性缺口，其后在反方向移动中出现的缺口为突破性缺口，这两个缺口在很短时间内先后出现。岛形从消耗性缺口开始，以突破性缺口结束，这种情形是以缺口填补缺口。

2. 岛形底

如图9-25所示，股市持续下跌一段时间后，某日忽然呈现缺口性下跌，接着股价在低水平区域徘徊，很快价格又出现缺口性上升。两边的缺口大约在同一价格区域发生，使低水平争夺的区域在图形上看起来就像一个岛屿的形状，两边的缺口令这座岛屿孤立地独耸于海洋之上。

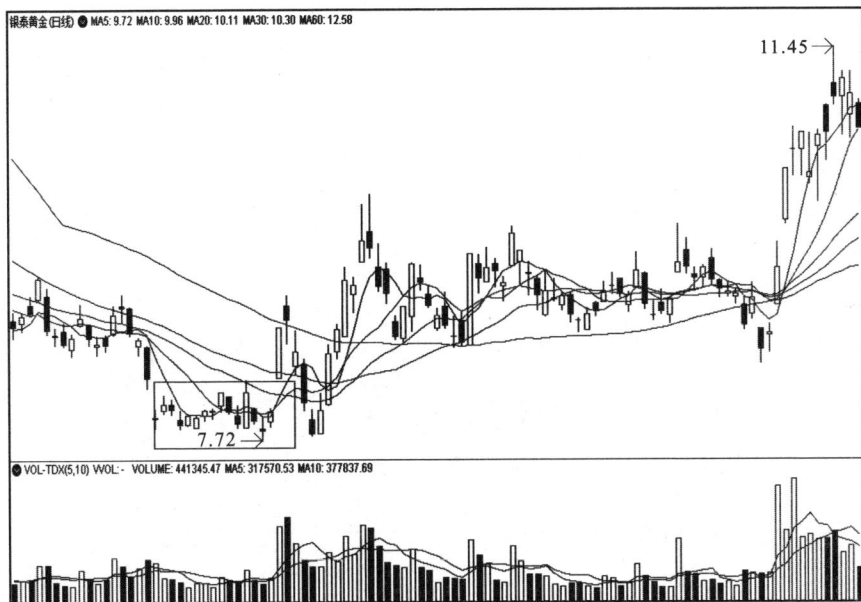

图9-25 岛形底

岛形底的市场含义为股价不断地下跌，使原来想卖出的投资者无法在预期的价位卖出。股价持续下跌令他们终于忍不住不计成本地割肉，于是形成一个下降缺口。可是股价却没有因为这样的暴跌而继续向下，在低点处明显获得支撑，经过一段短时间的争夺后，股价终于未能在低位继续徘徊而出现缺口性上升。

岛形底经常在长期或中期性趋势的底部出现，此时下跌出现这一形态，就是一个买入信号。

四、缺口

缺口是指由于行情的大幅度上涨或下跌，致使股价的日 K 线图上出现当日最低价超过前一交易日最高价（或最高价低于前日最低价）的现象。通常情况下，如果缺口不被迅速回补，表明行情有延续的可能，如果缺口被回补，表明行情有反转的可能。

缺口通常分为普通缺口、突破性缺口、持续性缺口、消耗性缺口四种。从缺口发生的位置与大小可以预测走势的强弱，确定是突破还是已到当前趋势的尽头。

1. 普通缺口

普通缺口通常在密集的交易区域中出现，因此，许多需要较长时间形成的整理或转向形态，如三角形和矩形等整理形态中都可能有这类缺口出现。如图 9-26 所示。

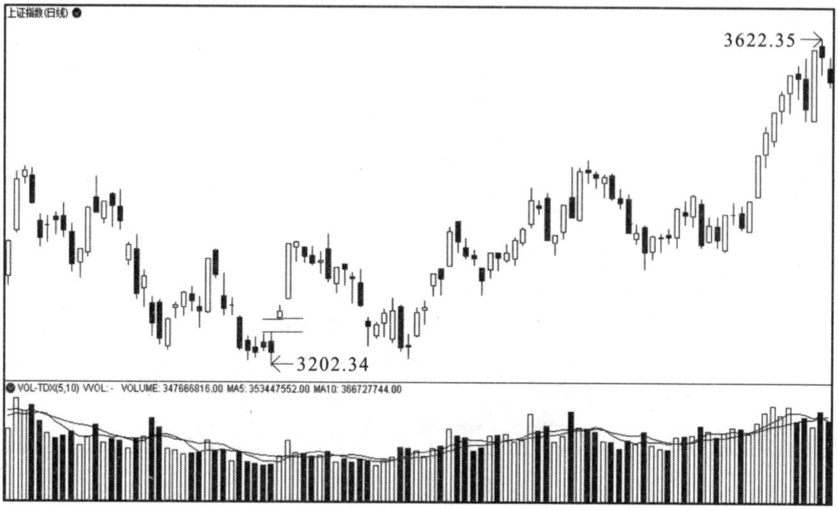

图9-26　普通缺口

普通缺口一般在几个交易日内便会完全回补，它能帮助我们辨认清楚某种形态的形成。普通缺口在整理形态出现的机会要比在反转形态时出现的机会多。所以，当出现三角形和矩形的同时伴有许多缺口时，就应该增强它是整理形态的信念。

2. 突破性缺口

突破性缺口是当一个密集的反转或整理形态完成后并突破盘局时产生的缺

口。当股价以一个很大的缺口跳空远离原形态时，表示真正的突破已经形成。突破缺口越大，表示未来的变动就越剧烈。如图 9-27a 处所示。

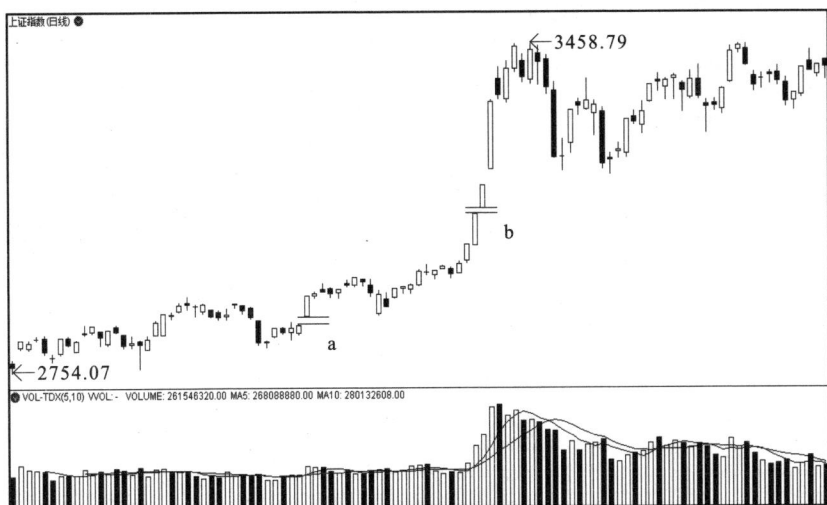

图9-27　突破性缺口

突破性缺口经常在重要的转向形态中出现，此缺口可辨认突破信号的真伪。如果股价突破支撑线或阻力线后，以一个很大的缺口跳离形态，显示突破十分强劲而有力，很少有相反的情况发生。

假如缺口发生前有大的交易量，而缺口发生后成交量却相对地减少，则有一半的可能是不久后缺口将被回补。若缺口发生后成交量并未随着股价的远离缺口而减少，反而加大，则短期内缺口将不会被回补。

3. 持续性缺口

在上升或下跌途中出现缺口，可能是持续性缺口，离开形态或密集交易区域后的急速上升或下跌所出现的缺口大多是持续性缺口。如图 9-27b 处所示。

持续性缺口的技术性分析意义很大，它通常是在股价突破后远离原形态至下一个反转或整理形态的中途出现，因此持续性缺口能大致地预测股价未来波幅的大小，所以又称为量度缺口。其量度的方法是从突破点开始，到持续性缺口起点的垂直距离，就是未来股价将会达到的幅度。

4. 消耗性缺口

消耗性缺口是伴随快速、大幅的股价波动而出现在急速的上升或下跌中的，此时，股价的波动越来越频繁，当价格的跳升或跳空下跌发生时，此缺口就是消耗性缺口。如图 9-28 所示。

通常消耗性缺口大多在恐慌性抛售或消耗性上升的末段出现。消耗性缺口的出现，表示股价的趋势将暂告一段落，如果在上升途中，表示即将下跌；若在下跌趋势中出现，就表示即将回升。

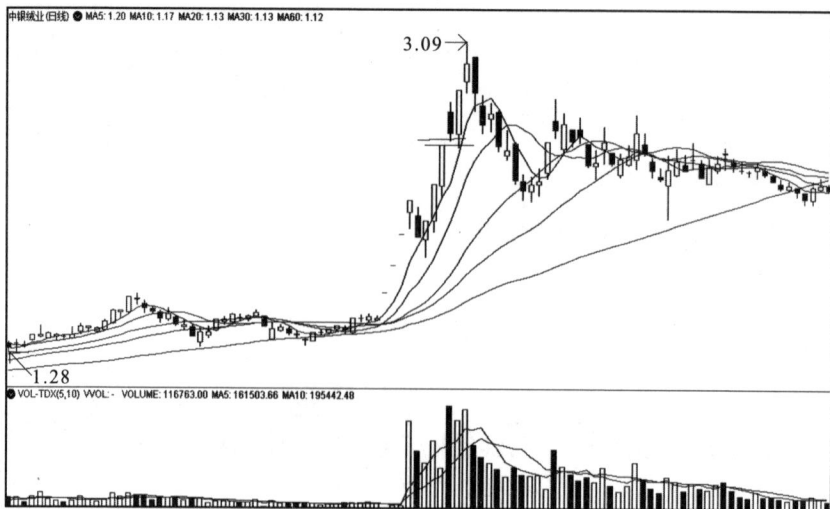

图9-28　消耗性缺口

一般的缺口都会被回补，普通缺口、消耗性缺口可能在短期内回补，但是其中突破性缺口、持续性缺口未必会被回补。

缺口的出现有很强的、明确的预测市场走向的功能。投资者分清了缺口的性质，对操作就能有很大的帮助。

如果股价在急速上升过程中再次出现缺口，就应该判断这是持续性缺口还是消耗性缺口。若是持续性缺口，可继续持有股票，在达到预期价位才开始出货；若是消耗性缺口，当反转出现时，就应毫不犹豫地抛出手中的股票，以保住战果。

在一次上升或下跌的过程中，缺口出现得越多，显示其趋势越接近尾声。

第十章

趋势理论

一、趋势线

（一）什么是趋势

在技术分析这种市场分析方法中，趋势是绝对的核心内容。运用各种技术分析手段的目的就是帮助我们认识市场的趋势，从而顺应趋势的方向买卖股票，或者识别既有趋势的转折信号，让我们把握最佳的买卖点。

趋势就是市场运行的方向。在股票市场中，市场并不是一条直线式地上涨或者下跌的，市场运行的特征就是前进中的曲折迂回，它的运行轨迹就像一系列前赴后继的波浪，出现明显的波峰与波谷。

（二）什么是趋势线

趋势线就是用来描述一段时间内股价运行方向的直线。上涨行情中两个以上的低点的连线被称为上升趋势线；下跌行情中两个以上高点的连线，被称为下降趋势线。在 K 线图中，若出现上升趋势线，股价波动向上发展；相反，若出现下降趋势线，股价波动向下发展，即使暂时出现反弹也不影响其总体的跌势。

正确地画出趋势线，人们就可以大致了解股价的未来发展方向，按其波动的时间长短不同，有三种趋势线：跨度在 1 个月之内的趋势线为短期趋势线，跨度在 1 ~ 6 个月的趋势线为中期趋势线，跨度在半年以上的趋势线为长期趋势线。

（三）如何画趋势线

在上升趋势中，将相继出现的调整低点连接成一条直线，即构成上升趋势线，它位于相应的价格曲线的下部；在下降趋势中，将相继出现的明显波峰连接成一条直线，就是下降趋势线，它一般位于相应的价格曲线的上部。

投资者在画趋势线时应注意以下几点：

（1）画趋势线时应尽量先画出不同的实验性趋势线，待股价变动一段时间后，保留经过验证能够反映波动趋势、具有分析意义的趋势线。

（2）对趋势线进行修正。以上升趋势线的修正为例，当股价跌破上升趋势线后又迅速回到该趋势线上方时，应将原使用的低点之一与新低点相连接，得到修正后的新上升趋势线，这样能更准确地反映出股价的走势。

（3）趋势线不应过于陡峭，否则很容易被横向整理突破，失去分析的意义。

（四）趋势线的应用

趋势线表明当股价向其固定方向波动时，非常有可能沿着这条线继续波动。

（1）在没有跌破之前，上升趋势线就是每一次回落的支撑。当上升趋势线被跌破时，就是一个出货的信号。

（2）在没升破之前，下降趋势线就是每一次回升的阻力。当下降趋势线被突破时，就是一个入货的信号。

（3）股价随着固定的趋势波动时间越久，趋势越可靠。

（4）每一条上升趋势线，需要两个明显的底部才能确定；每一条下降趋势线，则需要两个明显的顶点来确定。

（5）趋势线与水平线的夹角越大，越容易被一个短的横向整理所突破，因此，夹角越小越具有技术性意义。

（6）股价的上升与下跌，在各种趋势的末期，都有加速上升与加速下跌的现象。因此，市势反转的顶点或底部大都远离趋势线。

（五）趋势线的突破

当股价突破趋势线时，其可信度可以从以下几点来把握：

（1）收盘价突破趋势线比当天最高价和最低价突破趋势线更为有效。所以，如果在一天的交易时间中曾经突破了趋势线，但其收市价并没有超出趋势线，不算是真正的突破。

（2）一般股价突破趋势线的幅度在3%以上才可信。如果股价向上突破趋势线，则表明逢低吸纳者多，反弹的阻力被充分消化，是股价转势回升的信号。

（3）股价上升冲破下降趋势线时，往往伴随大的成交量；股价向下跌破上升趋势线时，突破当天的成交量不一定增加，成交量的放大往往在突破前后出现。

（4）当突破趋势线时出现缺口，表明这种突破的力量是非常强大的。

（5）突破趋势线后，成交量上升或保持不变的突破就是有效突破。

（6）股价突破趋势线后，持续的时间越长，突破越有效。

二、通道线

通道线是趋势线的实战发展，在实际应用中很有效果。

（一）什么是通道线

当上升（或下降）趋势线确定以后，通过第一个上升峰位（或下降低谷）画出趋势线的平行线，即成为通道线，也称轨道线。趋势通道是指在上述两条平行趋势线之间形成的价格区域。

股价在通道内反复波动，在大的趋势通道中还会穿插着小的趋势通道。同趋势线一样，通道线被触及的时间越长，试探的次数越多，其可靠性越高。

（二）上升趋势通道与下降趋势通道

根据趋势通道的形态可以分为上升趋势通道和下降趋势通道。

1. 上升趋势通道

在一段上升趋势中，从上升趋势线的平行方向寻找股价轨迹的一个明显的相对高点，不一定是绝对高点，如高点的 K 线是一根带长上影线的 K 线，高点最好选择 K 线的实体高度。从选定的高点引出一条与趋势线平行的线，这两条平行线就构成股价的上升通道。

当一条趋势线被突破后，上升通道也随之改变。

2. 下降趋势通道

在一段下降趋势中，从下降趋势线的平行方向寻找股价轨迹的一个明显的相对低点，不一定是绝对低点，如低点的 K 线是一根带长下影线的 K 线，低点最好选择 K 线的实体低点。

从选定的低点引出一条与趋势线平行的线，这两条平行线就构成股价的下降通道。

当一条趋势线被突破后，下降通道也随之改变。

（三）通道的上轨、中轨与下轨

一般情况下，股价如果没有改变运行趋势，都会在特定的通道中运行。两条平行线中，上面的叫通道的上轨，下面的叫通道的下轨。对于中长期的通道，在两条平行线的中点引出一条平行线，称为通道的中轨。

通道的上轨将形成股价的压力，下轨则是股价的支撑。上升通道中，股价上涨到通道的上轨，便会回落；股价调整到通道的下轨，便会上升。反之，下降通道中，股价跌到通道的下轨，便会反弹；反弹到通道的上轨，便会回落。

（四）通道线的应用

一般来说，在上升通道中，当股票价格上升碰到上轨线时，投资者可以卖出股票，当股票价格下跌碰到下轨线时，投资者可以买进股票。

在下降通道中，如果股价反弹冲破上轨，则有可能形成多头上轨，但在形态没有走好的前提下，建议投资者清仓，以免被套。

投资者还可以利用轨道平移法来预计反转行情的目标价位，即当通道被有效突破后，从突破点沿着反转方向度量出通道对应的宽度，此时得到的价位便为此轮反转行情对应的目标价位。

当价格一直不敢试探通道线时，可以判断为有趋势的力度在减弱。在上升趋势中，当价格在远离通道线时便形成转折，应警惕上升趋势可能发生改变。如果股价无力触碰通道的上轨，下轨被突破的可能性开始加大；如果股价拒绝向下轨靠拢，上轨被突破的可能性就加大。

三、支撑线与阻力线

（一）什么是支撑线与阻力线

股价在跌到某一水平时，不再继续下跌，这个价位是股价的支撑点。把下跌途中的支撑点连接、顺延，形成一条起到阻止股价继续下跌的直线，这就是支撑线。

在上升途中，当股价上涨到某一价位附近时，往往不再继续上涨，似乎在这个价位有压力，将途中的压力点相连，形成一条起到阻止股价继续上升的直线，这就是阻力线。

从供求关系的角度看，支撑代表了集中的需求，而阻力代表了集中的供给，股市上供求关系的变化，导致了对股价变动的限制。

阻力线和支撑线都是图形分析的重要工具，阻力线一旦被冲过，便会成为下个跌势的支撑线；而支撑线一经跌破，将会成为下一个涨势的阻力线。

（二）支撑线与阻力线的应用

1.利用支撑线分析股市

（1）上升趋势的回档过程中，阴线较先前所出现的阳线弱，尤其在接近支撑价位时，成交量出现萎缩，随后阳线迅速吃掉阴线，股价受到有效的支撑再一次上升。若频频出现阴线，则表明空头势力增加，在支撑线附近反弹乏力，股价终将跌破支撑线。

（2）在支撑线附近形成盘档，经过一段时间的整理，出现长阳线，表明支撑线仍然有效；若经过整理却出现一根长阴线，表明投资者为减少损失在争相出逃，股价将继续下跌。

（3）股价由上向下接触支撑线，但未能跌破而调头回升，同时有大成交量配合，则当再出现下降调整时即可进货，以获取反弹利润；若虽未曾跌破，但无成交量配合，则预示无反弹可能，投资者应尽早离场。

（4）若股价由上向下跌破支撑线，说明行情将由上升趋势转为下降趋势。一旦有大成交量配合，即说明另一段跌势形成，稍有回档即应出货，以避免更大的损失。一般来说，在大的上升趋势中，出现中级下降趋势，若行情跌破中级下降趋势的支撑线，则说明上升大趋势已结束；在中级上升趋势中，出现次级下降趋势，如若行情跌破次级下降趋势的支撑线，则说明中级上升趋势已结束。

2.利用阻力线分析股市

（1）下跌趋势出现反弹，若阳线较先前阴线弱，尤其在接近阻力价位时，成交量无法放大，而后阴线迅速吃掉阳线，股价再度下跌，这是强烈的阻力信号；若阳线频频出现，表明多头实力较强，即使在阻力线附近略做回档，但换手积极，则股价必可突破阻力线，结束下跌走势。

（2）在阻力线附近经过一段时间的盘档后，出现长阴线，阻力线仍然有效；若出现一根长阳线向上突破，成交量增加，低档有人接手，股价将再一次上涨。

（3）股价由下向上突破阻力线，若成交量配合放大，说明阻力线被有效突破，行情将由下降趋势转为上升趋势；若成交量不见大增，可待其回落，若回落也不见放量，则可考虑做多；若不回落，只要能确认突破阻力有效，再做多仍能获利，这是因为阻力线被有效突破，一般会有一段上升行情。

（4）股价由下向上冲击阻力线，但未能突破而调头回落，则可能出现一段新的下跌行情，此时无论盈亏，都应及时了结离场。

（5）当股价由下向上冲击阻力线，成交量大增，则应及时做多；若虽突破阻力线，但成交量未放大，则应观望，很有可能是上冲乏力、受阻回落的假突破，此时投资者不能贸然跟进。

———————— 本 部 分 操 作 提 示 ————————

技术分析是操盘实战技术的重要内容。基本面分析是了解股价的大致走向，而技术分析则能相对精确地预测股价的涨跌。投资者在进行技术分析时，不必选用过多的参考指标，只需要选择自己能看得懂的一些技术指标进行综合分析即可。短线操作必须要以技术分析为前提。

第四部分

操盘实战技巧

第十一章

短线操作技法

一、哪些人适合做短线

有些人认为股市拼的是运气，那些所谓的技术分析不过是对过去发生的事总结罢了，毫无实际意义！这种自以为掌握了短线精髓和运气论的说法普遍存在，也正是这些人输在短线上的主观原因。短线操作，不仅要有好的技巧，更要有好的心态和性格。具体来说，具备以下四个条件的人适合操作短线：

（一）不仅认可技术分析，还懂得运用技术分析

所谓技术分析，就是依据市场的价格、成交量和时间之间的相互关系，进行分析和决策。许多人不认可技术分析，其实是对技术分析还不够理解。与其他实战操作相比，做短线更加要注重技术分析。而移动平均线、K线走势图、技术指标以及黄金分割线等，都是短线操作者应细心研读的技术要素。

（二）有充分的时间看盘

如果在每天的开盘时间里，你要兼顾或者去处理其他的事情，那么，你就很难做好短线操作。虽然短线操作的时间短，但是需要进行密切观察，如果你没有时间盯盘，就不可能在关键时刻做出正确的判断。

（三）有决断力

短线操作的全程时间本来就很短，关键的机会也许就只有几次。若机会来临时优柔寡断，不能快速决策，那么，机会往往稍纵即逝，很可能是在该买的时候卖了，该卖的时候买了。

（四）有平和的心态，切忌贪心

无论是长线还是短线，都不能奢望一次成功的操作就获得暴利。现实中，

越想获暴利，越会发生反作用。市场中永远有好的股票和新的股票，利润总是伴着风险，在期望获得利益的同时也一定要想到风险的大小，以成熟的心态操作股票。具体因个股的特点不同，选择的获利空间也会有所不同，但需要记住的是，不能因为想获利就变得贪婪起来。

二、适合做短线的时间点

个股趋势一般分为上升趋势、下降趋势和水平趋势三种常见趋势。只有顺势而为才能获得成功，逆势而为往往会狠狠碰壁。这里的"势"，就是大的方向和趋势，即股价运行的方向。

（一）上升趋势线的买入时机

1. 在上升趋势线附近买入

在上升趋势线附近买入时，通常上升趋势线要满足以下几个条件：

（1）存在两个依次上升的低点，有上升趋势存在。

（2）画出直线后，最好有第三个以上的点落在这条直线上，落在此线上的点越多，趋势线就越有效，也就越可靠。

（3）该条直线延续的时间越长越有效。

上升趋势线形成后，股价将沿着这条上升趋势线运行。但在沿这条线向上运行的过程中，股价可能会有短时间的回调，股价会回落至趋势线附近。投资者在选股时，如果能确认趋势线有效，可待股价回至上升趋势线附近时介入。

若股价跌破上升趋势线后，迅速以一根中阳或长阳回至趋势线上方时是买入的时机。越来越多的主力觉察到许多中小投资者利用上升趋势线选股，因此，主力在操作时，经常刻意将股价砸穿上升趋势线，这样做能洗出部分不坚定的跟风盘。

2. 股价回调不破上升趋势线，在止跌回升时买入

在中期上升趋势中，股价的低点和高点不断上移，将其不断上移的两个明显低点连成一条向右上方倾斜的直线，便是主升趋势线，它将成为股价回档时的支撑。当股价每次回调至该线又回升时，便是上升趋势中的短线买入时机。

利用此种方法进行实际操作时，应根据情况变化适时修正上升趋势线。当股价回调至上升趋势线时，成交量应呈现缩量，否则上升趋势线难以支撑股价。

（二）下降趋势线的买入时机

当股价在某一天放量向上突破下降趋势线时，视为买进信号。投资者利用

此种方法操作时应注意以下两点：

（1）在股价向上突破下降趋势线时，成交量并没有随着放大，可视为短期的反弹，股价可能又回到下降趋势线以下，表明原有下降趋势并没有改变。

（2）当股价向上突破下降趋势线后，有时股价又会反转向下，但是股价并没有下跌到下降趋势线以下，随之股价又反转上涨，这时可视为第二次买入的机会。

股价长时间运行，每次上冲到某一个价位，都受阻回调，把这若干个高点连接起来，便形成一条水平的趋势线。当股价在某一天放量向上突破这条水平的趋势线时，视为买进信号。

投资者利用此种方法操作时应注意：

（1）股价向上突破水平趋势线时，如果成交量未配合放大，意味着换手不够积极，有可能突破后不久即再跌回这条趋势线之下。但若股价并没有回落到水平趋势线以下，而是回落后又反弹上涨，则可视为第二次买入的机会。

（2）股价长时间在该水平线上运行，由于主力对倒或护盘等原因，持仓成本也不断提高，当主力再向上拉升时，明显是为这批筹码以后的出局再拉出空间。此种主力高度控盘的股票如果是在高位运行，投资者只能少量参与。

在运用趋势线选股时，要先明确股价下穿上升趋势线是真突破还是假突破。如果股价在小幅跌穿上升趋势线之后，在趋势线附近盘整，并能在跌破后的一星期以内（时间越短越好）以中阳线或长阳线重新站稳上升趋势线之上，且有成交量配合，则为假突破。

三、适合做短线的股票

并非所有股票都适合做短线，投资者可以按其行业属性进行分类。对那些需要着重关注的股票，一旦其满足短线操作的介入条件，就应立即买入。

适合短线操作的股票主要有以下几种：

1. 中小流通盘的股票

流通股本巨大的股票往往需要很大的资金才能操盘，因此，短线主力往往更喜欢以中小流通盘的股票进行短线操作。

2. 业绩增长的股票

业绩优良是投资的基本保证。如果公司的业绩和往年相比，增长的速度喜人，则可以适当降低其他方面的条件，因为有时业绩增长速度比当前的业绩状况更重要。

3. 长期盘整的股票

盘整时间的长短以换手率来衡量更合理。因为盘整是一个消化前期结果的过程，时间并不能直接反映消化的程度。有些股票成交量很小，1年时间并没有多少成交量，原来的套牢盘还在，根本没有被消化，而换手率则直接反映了交投的情况。可选长期盘整且其换手率在200%以上的股票。

4. 主力介入的股票

股不在好，有庄则灵。主力有着强大的资金力量和明确的盈利目的，跟上主力投资的成功概率将会大幅增加。被选中的股票都要满足"主力已经现形"的条件，这些条件包括巨大的主动成交单。比如，主动买盘成交量的积累要大于主动卖盘的成交量等条件。

5. 有利好消息及炒作题材的股票

各种利好消息以及可炒作的题材，都可以成为主力操作该股上行的理由。但在消息满天飞的情况下，要有一定的鉴别能力，确保利好消息的可靠性。

投资者可建立一个满足以上条件的股票池，要做到对这些股票了如指掌，并对它们进行实时跟踪。股票池的大小，也就是其中股票数目的多少，要根据自己的情况而定，如果是用计算机跟踪，当然可以多选一些。

四、如何避免被套

无论在什么时候，买股票之前都要找出买进的理由，并计算好出货的价位。千万不可盲目地买进，然后盲目地等待上涨，这样容易被套牢。投资者操作时通常要注意以下几点：

1. 一定要设立止损点

凡是出现巨大亏损的投资者，大都是由于入市的时候没有设立止损点的。设立了止损点就必须执行，即便是刚买进就被套，如果发现错了，也应及时卖出。

2. 不怕下跌怕放量

遇到股价无缘无故地下跌并不可怕，可怕的是成交量的放大，尤其是主力持股比较多的股票，正常情况下不应该有巨大的成交量，如果出现巨量，十有八九是主力出货。所以，对任何情况下的突然放量都要谨慎。

3. 拒绝中阴线

无论是大盘还是个股，如果发现跌破了大众公认的强支撑位，当天有收中阴线的趋势，投资者必须加以警惕。本来走势不错的个股，一旦出现中阴线，可能引发中线持仓者的恐慌而出现大量抛售。有时，主力即使不想出货，也无力支撑股价，最后必然会下跌。当然，有时候主力也会借机出货。所以，无论在哪种情况下，出现了中阴线都应该考虑卖出。

4. 认准一个技术指标，发现不妙马上出局

有时候把一个技术指标研究透彻，也完全可以掌握一只股票的走势，发现股价跌破了关键的支撑位应马上出局。

5. 弄清股票的基本面与技术面

在确认股票的基本面不好的情况下，投资者应谨慎介入。但在实际操作中，股票的基本面再好，形态走坏了也必跌；股票的基本面再不好，形态走好了也能上涨。如果真的看好某只股票，应该等待其形态修复后在合适的价位买进，再在合适的价位卖出。

6. 不做主力的牺牲品

关于主力的消息，在买进之前可以信，但关于出货千万不能信。任何主力都不会告诉散户自己在出货。所以，主力的出货情况要根据盘面来判断，不可以根据消息来判断。

五、短线精确买卖法

（一）开盘5分钟买卖法

投资者可以利用特定的早盘三个5分钟的K线走势判断和预测全日走势的变化情况。5分钟的大盘走势主要有以下几种情况：

1. 瞬间高盘

这是指在当日9:25时指数以高盘开出，9:35和9:40时指数都比开盘时低的情况。

瞬间高盘表示高档卖出的压力不小，当天下跌的可能性较高。但如果跌到低点后出现止跌的现象时，表示低档接盘极强，一旦回升超过瞬间高盘的开盘位时，投资者可以买进。

2. 瞬间低盘

这是指在当日9:25时指数以低盘开出，9:35和9:40时的指数却比开盘时还高的情况。

瞬间低盘表示低档接盘积极，当天上涨收阳的可能性极大。但如果成交量不能放大反而萎缩，走势出现后继乏力现象，一旦股价回跌，跌破瞬间低盘的

开盘价时，投资者应及时卖出。

3. 震荡高盘

这是指当日 9:25 时指数以高盘开出，9:35 时指数比开盘时高，但 9:40 时指数却比 9:35 时低的情况。

震荡高盘是多空力量平衡的整理盘。出现震荡高盘时，当天会有两个涨跌波段。因此，投资者可采取低买高卖的短线操作原则，以赚取市场差价。正常情况下，开出震荡高盘后的第一次上涨波段的高点附近是最理想的卖出点。

4. 震荡低盘

这是指当日在 9:25 时指数以低盘开出，9:35 时指数比开盘点低，但 9:40 时指数却出现比 9:35 时高的情况。

震荡低盘为多空力量平衡的整理盘。出现震荡低盘时，当天会有两个以上的涨跌波段，投资者可以采用高卖低买的短线操作原则来赚取市场差价。

5. 创新高盘

这是指当日在 9:25 时指数不论是以高盘、低盘还是以平盘开出，在 9:40 以前上涨已经超过前一日最高位的情况。

如果行情在下跌一段时间后出现创新高盘的走势时，那就代表买方较强，股价有望止跌上涨，投资者应及时买进。但要注意此时成交量应有效增加，如果成交量不能增加，则表明买盘乏力，投资者应以观望为主。

如果行情在上涨一段时间后出现创新高盘的走势时，代表买方气势仍然高涨，行情可能继续上涨，但还是要注意成交量的有效增加。如果行情是以创新高盘开出，但当天成交量一直未能有效放大，投资者就要注意收盘时极有可能出现尾盘杀跌的现象。

6. 创新低盘

这是指当日在 9:25 时指数不论是以高盘、低盘还是平盘开出，在 9:35 以前点位下跌已经超过昨天最低点位的情况。

如果行情在已经持续上涨一段时间后出现创新低盘的走势时，代表卖方气势转强，股价可能会出现回调，投资者应立即卖出。但如果跌后企稳并上涨，超过昨天的收盘价，此时投资者应该买进。

7. 反向高盘

这是指前一天指数以中阴线下跌收盘，但当日 9:25 时却跳空上涨，以高盘开出的情况。

前一天以中阴K线收盘，正常情况下今天应该以平盘或低盘开出，但却以高盘开出，代表买盘已经开始介入，投资者应逢低买进。

如果这种昨天以中阴线收盘而今天以高盘开出的情况是出现在长期上涨的情况下，投资者应在反弹之后的高点卖出。

8. 反向低盘

这是指前一天指数以中阳线上涨收盘，但当日 9:25 时却出现下跌，以低盘开出的情况。

前一天以中阳线收盘，正常情况下当日应该以平盘或高盘开出，但却以低盘开出，代表买盘乏力，投资者应该考虑卖出。这种反向低盘出现在长期下跌的情况下，投资者应该在低点加码买进。

9. 同向高盘

这是指前一天指数以中阳线上涨收盘，当日 9:25 时指数仍出现继续上涨，向上跳空以高盘开出的情况。

正常情况下，这种连续大涨或前一日大涨后，当天再次出现跳空开盘的走势出现时，由于股价上涨已久，容易引出获利了结盘。因此，除非有较大的利好刺激，否则投资者应逢高卖出。

10. 同向低盘

同向低盘是指前一天的指数是下跌收盘，当日 9:25 仍然下跌低开。

正常情况下，这种连续下跌或昨天下跌后今天再出现跳空低开的走势，大多意味着股价下跌已深，市场浮筹已清，卖盘暂减轻。因此，除非有较大利空的影响，否则投资者应考虑短线买进，赚取当日反弹差价。

（二）尾盘买卖法

投资者用尾市成交量与股价的变化关系来决定操盘策略，常能收到很好的效果。尾盘买卖法只适用于短线操作，此外投资者还应多参考 K 线和移动平均线的走势，才可避免失误。

尾盘买卖法通常有以下几种：

（1）如果某只股票在尾盘成交量出现放大，股价也随着上升，那么它在后市往往会上涨，投资者可趁机介入。但必须是股价经过一段时间的深跌后，尾盘出现放量、股价上升这一情况才是短线买入信号，否则投资者应慎重对待。

（2）开盘后，股价一直处于盘跌的走势，但到了尾盘时，成交量开始放大，股价跌势减缓，直到不再下跌，这表明有多头进场吸筹，后市往往会上涨。这时是短线投资者抢反弹的大好时机，短线投资者可在尾市收盘前介入，第二天选择在高点卖出，从而赚取差价收益。

（3）如果在收盘前半小时内，出现了成交量萎缩、股价下跌的走势，这说明多数人对后市缺乏信心在卖出股票，这样的股票在后市往往会继续下跌，投资者不宜介入。

（4）有的股票在一天的交易时间里，一直处于下跌状态，但到尾市时，在成交量萎缩的情况下，股价却反常地突然拉起。表面看来，是止跌企稳的迹象，后市应看好，但实际上这种走势是价量背离走势，投资者应卖出股票。没有成交量的配合，股价却上涨，后市继续上涨的概率很小，而下跌的可能性却相当大。

（三）均线买卖法

1. 均线黏合买入

均线黏合是指股票的中短期均线（一般至少3条，常用的是5日、10日和20日均线组合），在一个时间段内处于相互靠拢和反复交叉的状态，其波动范围一般在2%以内，最多不超过5%。在主力已经控盘的股票中较多出现这种均线黏合状态，在股价上涨了一定幅度出现回落之后的横盘整理阶段，也容易出现黏合形态。如图11-1所示。

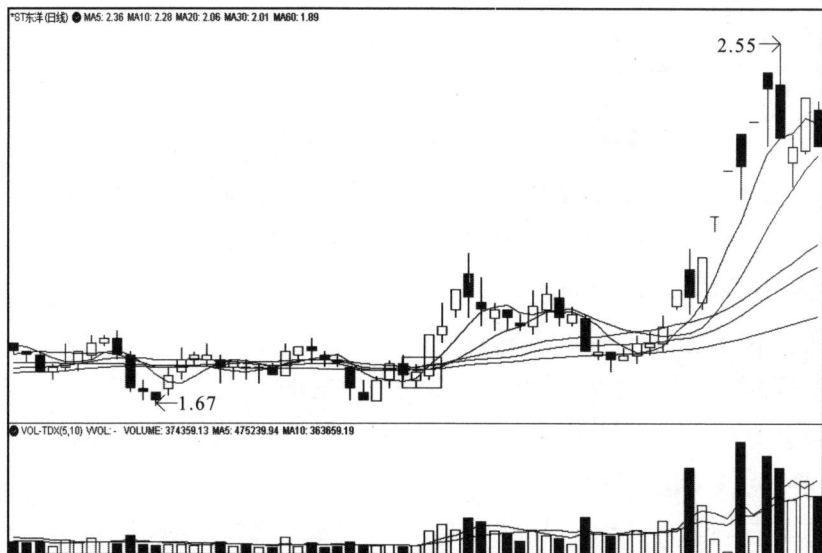

图11-1　均线黏合买入

均线黏合形态是比较可靠的股价企稳信号。该形态一旦突破，其升幅一般都很大。对短线投资者来说，在突破前可及时买入。

均线黏合形态的最佳买入时机是突破横盘整理之后。突破往往有两种形式：一种是快速突破，一般都伴随着大成交量，K线为长阳线；另一种是缓缓突破，用小阳线将底部慢慢抬高。此时5日均线应最先从黏合状态转向上移，然后10日均线也向上移动，与20日均线形成金叉。

买入后一般不要轻易抛出。因为该股既然横向整理时间较长，洗盘效果肯定极佳，接下来很可能就是一路拉高，不再进行洗盘震仓。

2.均线支撑买入

利用均线支撑买入的最佳时机，并不是在回调的最低点，而是确认股价再次向上之后。此时均线的支撑意义比较明确，股价得到均线支撑后一般都会连续上行。股价再次向上必须有成交量的配合，否则宁可不介入。如图11-2所示。

图11-2　均线支撑买入

股价从触线到离线的这段时间内，K线图和成交量都不会有太大振幅，否则说明有不确定因素干扰，其洗盘的意义减弱，应暂缓买入。

股价再次上行的高度一般不少于股价在回调整理之前的上涨幅度，可按此标准设立卖出点。

（四）短线天量买卖法

短线天量买卖法是短线投机者的股票买卖法则。这个法则的成功率在80%以上，买进3～5天、卖出差价5%以上可认为短线操作成功，很值得投资者借鉴。

短线天量买卖法的具体操作方法如下：

（1）选出近期成交量突然连续放大、日换手率10%以上且大幅上涨的个股进行观察。这个成交量是两个月以来的最大成交量，称为天量，其换手率在 10% ～ 25%。

（2）发现目标后不要急于介入，调出 60 分钟 MACD 跟踪观察。再强势的股票也会回档，为了避免在最高位套牢，投资者在回档时再买入。

（3）该股放出天量，短线冲高之后必有缩量回调，其二浪调整的结束点可作为短线买入点。这个点位基本能够保证一买就涨，充分发挥短线效率。

（4）买进后立即享受三浪拉升的乐趣，一般会在 2 ～ 3 天超越一浪顶部。当获利 5% 或 MACD 红柱缩短则卖出了结。一浪的高点可以作为止盈点。如出现重大意外情况，则以买入价为止损价果断出局。

（五）回档期买卖法

股价在经过一段时间的连续攀升后，投资者最关心的就是回档问题。股票持有者希望能在回档之前卖掉股票，未买上者则希望在股价回档后买入。因此，把握股票的回档期进行买卖，成为投资者盈利的一大绝招。

只有在回档空间不大的情况下，当不坚定持有者充分卖出之后，买盘逢低而入，股价才能再次获得上升的动力。

当股价回档在一定限度之内时，投资者的心态仍能保持逢低吸纳的状态。如果股价出现较大的跌幅，投资者心态开始转变，大市即会见顶。因此，时刻冷静地看待股价的波动，有助于及时看到即将见顶的征兆，从而避开风险，保住盈利。

六、短线追涨技法

（一）追击涨停板

判断和追击涨停股要研究集合竞价情况，如果一只股票在前一交易日是上涨走势，收盘时未成交的买单量很大，当天集合竞价时又跳空高开并且买单量也很大，那么这只股票承接昨日上升走势并涨停的可能性极大。

其实，捕捉涨停板不仅要综合研究各种信息及数据，还要结合大盘及板块的走势情况来具体分析。

（二）追突破

个股形成突破性走势后，往往意味着股价已经打开上行空间，在阻力大幅减少的情况下，比较容易出现强劲的上升行情。因此，股价突破的位置往往正是最佳追涨的位置。

追突破可以选择以下六种个股：一是成功突破箱体的个股；二是成功突破长期下降趋势压力线的个股；三是成功突破套牢成交密集区的个股；四是成功突破长期盘整走势的个股；五是成功突破颈线位的个股；六是成功突破三角形整理形态的个股。

（三）追涨幅榜

追涨幅榜的目的是要在涨幅榜中选黑马股，因为进入涨幅榜的个股，最终演变成持续上涨牛股的概率相对较大。

个股进入涨幅榜后，最终演变成黑马股的概率相对较大。但是要准确地捕捉到今后有可能上涨的个股还需要做到三点，即一要分析涨幅榜上个股得以迅速上涨的原因，二要观察涨幅榜上个股是否属于当前热点，三要留意涨幅榜上的个股是否曾有量能积聚的过程。

七、短线抄底技法

（一）底部的形态

底部的形态主要有以下几种：

1. 平台底

股价在 5 日均线附近连续横盘三天，第一天收小阴线，第二天收小阳或小阴，第三天收小阳，整体看三根 K 线是水平移动的。如图 11-3 所示。

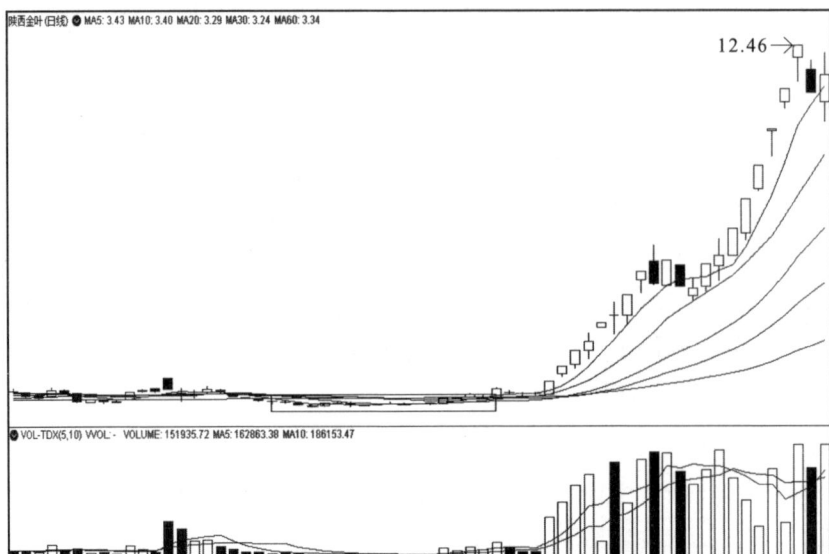

图11-3　平台底

2. 海底月

它的具体要求是第一天收中阴线或者大阴线，第二天、第三天收上升形态的小阳线或十字星，并且三天中有成交量放大的迹象。出现这种情况可以认为短线有利可图。如图11-4所示。

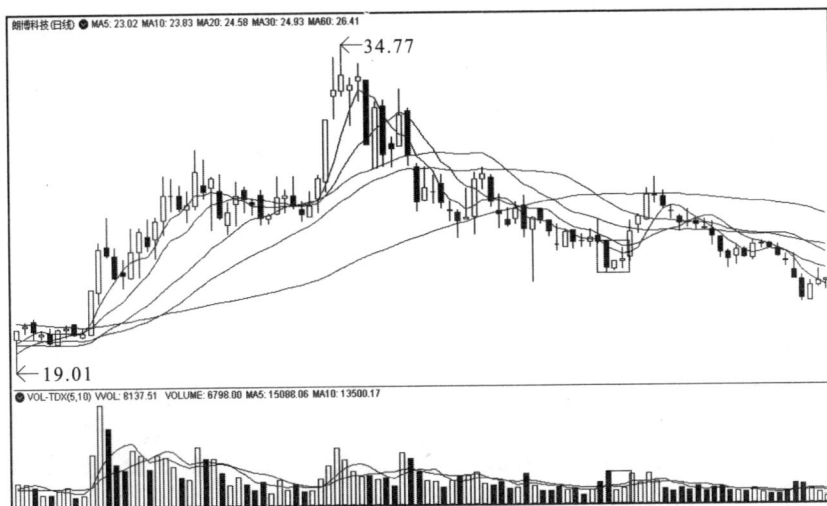

图11-4　海底月

3. 阳夹阴

阳夹阴即两根阳线中间夹一根阴线，这种图形组合表明后市向好的机会较大。如图11-5所示。

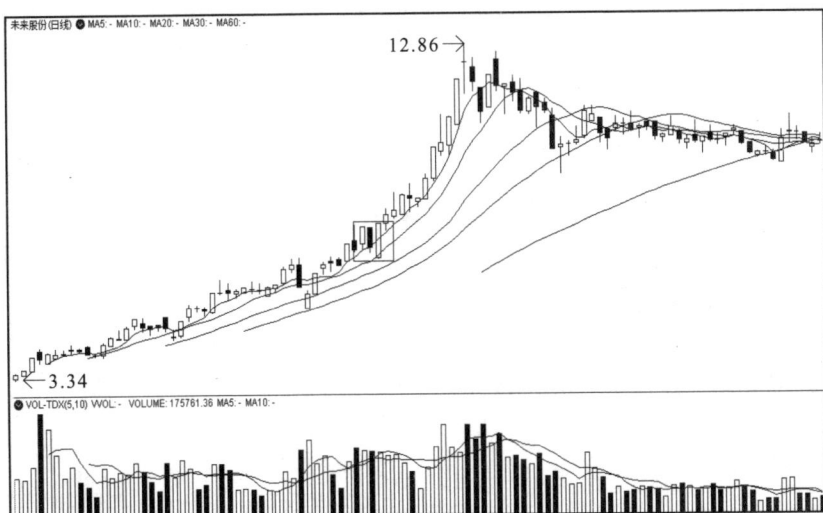

图11-5　阳夹阴

4. 均线星

在均线附近收一串阴（或者阳）十字星，这表明多空力量趋于平衡，表明后市看涨。如图 11-6 所示。

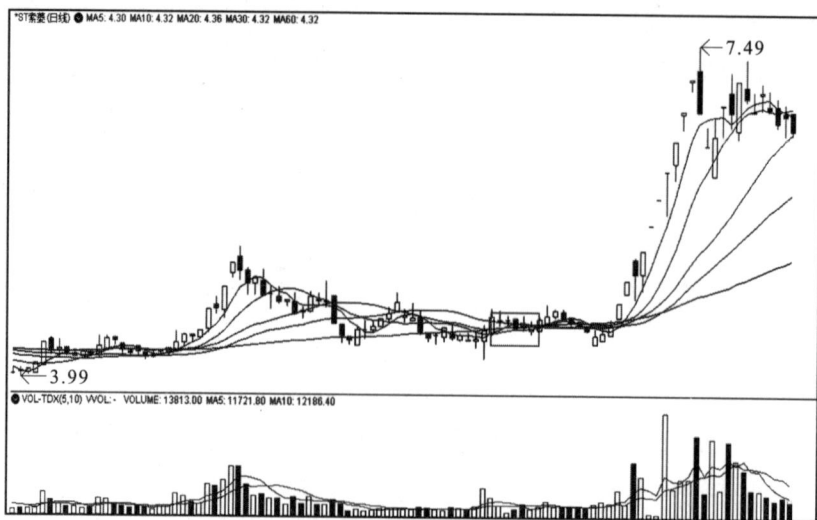

图11-6　均线星

5. 红三兵

在均线附近或者下方连续出现三根低开高收的小阳线，后市将看好。如图 11-7 所示。

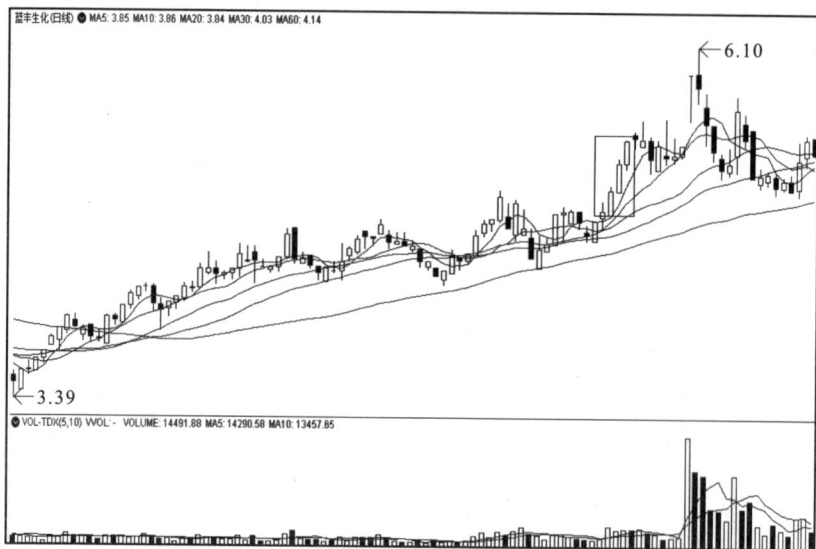

图11-7　红三兵

6. 探底线

当日开盘低开于均线的下方，而收盘于均线的上方，后市看涨。如图 11-8 所示。

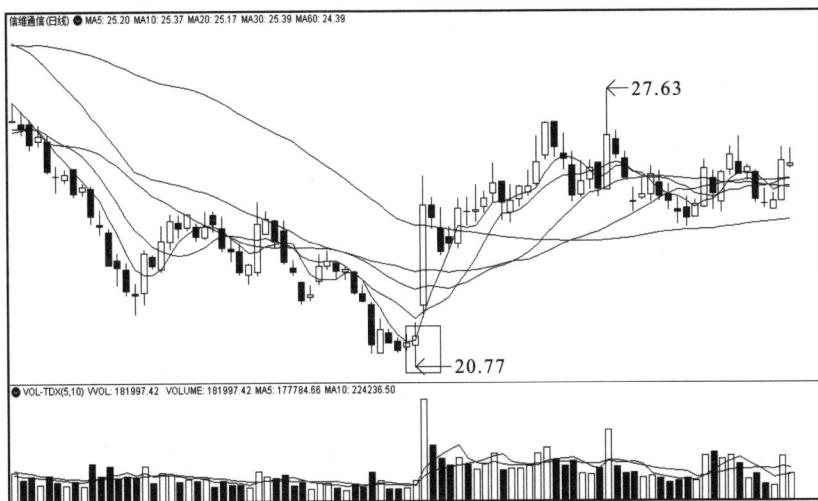

图11-8　探底线

7. 长尾线

当日开盘之后，出现放量下跌，但之后被多头主力拉升，留下了一根长长的下影线，这是抢反弹资金介入的信号，只要第二天重拾上升趋势，上升空间会较可观。如图 11-9 所示。

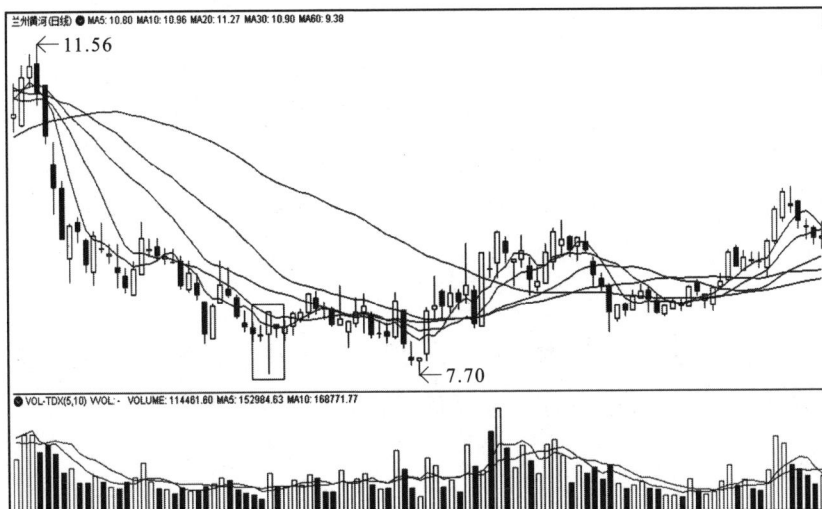

图11-9　长尾线

（二）如何判断反弹时机

短线投资者要想最大限度地获利，不仅应该抓住牛市中的机会，下降中的反弹机会也应尽量把握。

通过以下的特征可以判断大盘反弹时机的到来：一是成交量创新低；二是人气散淡，开户数锐减；三是指数受压并远离短中期均线；四是绩优股和高价股补跌；五是大盘权重股跳水，指数加速下跌；六是利空消息被夸大；七是技术指标严重超卖；八是前期惨烈下跌的品种止跌企稳；九是政府出台利好政策救市等。

（三）如何抓住转势点

反弹行情在带来利润的同时，也包含着一定的风险，投资者只有抓住转势点，才能获取短线收益。

当股市处在强劲反弹走势中，投资者要抓住转势点，就要选择有短线投机价值的股票，并且掌握抢反弹的买入和卖出技巧。

1. 选择具有短线投机价值的股票

有短线投机价值的股票通常有这样几种：一是跌市前的明星股；二是指标股；三是严重超跌的绩优股与次新股；四是流通盘偏小、股性活跃的个股；五是新强势股。

不要选择具有投资价值但股性不活的蓝筹类个股或低价的大盘指标股，也不要选择成交量过于稀少的冷门股。

2. 抢反弹的买入技巧

投资者对于这类反弹行情不要盲目追涨，而要结合技术分析方法，运用BIAS和布林线指标的组合分析，把握个股的进出时机。

当 BIAS 的三条线全部小于 0 时，股价也已经触及 BOLL 的下轨线，布林线正处于不断收敛状态中。这时如果出现 BIAS 的短期线上穿长期线，并且成交量逐渐放大，投资者可以择机买入。

3. 抢反弹的卖出技巧

投资者参与这类反弹行情不能一次性地追求过多的利润，而是要在有适当盈利的情况下，加快操作节奏，做到快进快出，适时地获利了结。

八、短线止损技法

（一）平衡点止损

平衡点止损是较为有效的止损技术之一，它使用起来比较简单，更容易被普通投资者和新手掌握。平衡点止损通常用于短线投机交易。

投资者在建仓后，可根据市场的活跃性、个人资金损失的承受能力以及价格的阻力支撑位情况，设立止损位。当股价向期望的方向运行后，应尽快将止损位移至建仓价格，这就是盈亏平衡点位置，即平衡点止损位。

比如，投资者在 20 元价位买入某只股票，原始止损位设在 18.6 元，买入后若股价一路下跌，可在 18.6 元位置止损出场。若买入之后股价上扬，平衡点止损位设在 20 元附近，股票跌破这个位置即可清仓出场。若买入后价位继续上升，可即时调整止损位，如股价上升至 24 元，可将止损位调整为 22 元，如果价格升至 26 元，止损位则相应升至 24 元。

（二）一根 K 线止损

投资者避免被套牢的唯一法宝就是割肉止损。一根 K 线止损法就是避免被套牢的法宝。

一般来说，股市中真正的赢家不到 10%，而这些赢家赢的秘诀大都是只要损失一根 K 线就立刻止损。这种止损法通常把进场 K 线的低点定位为止损点。

短线操作时，这根 K 线可能是盘中的 5 分钟 K 线或是 30 分钟 K 线，最长的就是日 K 线。

（三）损失 7%～8% 止损

在投资失误时，投资者一定要记得通过割肉止损把损失限定在较小的范围内，以避免被深度套牢。

中小投资者一定要很明确每只股票的最大损失要限制在其初始投资额的 7%～8%。如果你把限额定在 7% 或 8%，平均受损总额会更少一些。但这并不是说一定要等到每只股票损失达到 7% 或 8% 时才可以把它们卖出去。有时，如果感觉到整个股市指数处于卖出压力之下，或是所持的股票走势不对，在这种情况下，可以更早进行止损。止损点其实就是自己心理上可以接受的最大损失程度。在股市中最好的做法是只要感到形势不对或是觉得判断失误就应马上止损了结，不应抱有任何侥幸心理。

第十二章

中线操作技法

一、中线操作的基础条件

（一）有大局观

股市在各种经济运行因素的综合作用下，常常呈现出周期性变化，一般要经历上升期、高涨期、下降期和停滞期，循环往复。投资者进入股市后，不要因为股票的一时涨跌，而草率地进行买卖操作，应该观察、分析一段时期内股票的发展趋势，要把握股市的大势，进而做出进场、出场的决策。

（二）像旁观者一样观看

在股市中，要学会从旁观者的角度看股市，进行客观选股和理性操作。炒股如同下棋，当局者迷，旁观者清，以旁观者的姿态，与变幻莫测的股市保持适当的距离，反而能更准确地把握它。要向别人学习分析股票的方法，要以投资的心态去买卖股票。

（三）手中有股，心中无股

许多选择中线的投资者捂着股票是很不容易的，但他们的收益却并不比每天频繁操作的人少。在中线操作中不能过度地关注所持股票的涨跌，不要放大利好和利空消息，也不要掺杂过多的个人感情色彩，以免影响买卖时机的把握。要做到手中有股，心中无股。这需要经验，更需要理智。

（四）把好资金关

中线投资最重要的是买卖时机的选择，要将买卖的时机把握得恰逢其时，就能达到投资获利的目的。但是，投资者在确定具体投入的资金数量时必须量力而为，要以自己的资金状况确定资金的投入，即把自己多余的资金用于股票投资，而不要把全部资金或绝大部分资金投资于股票，更不能靠借贷资金来进行股票投资。

投资者可将今后几个月内没有确定用途的资金投资于股票市场，以赚取价差的收益。中线投资的风险相对小些，在投资者急需用资金时，也可以随时套现。

二、适合做中线的股票

（一）重组股

重组股一直是股市的热点，是黑马频出的"牧场"，同时，也布满了主力设置的陷阱。因此，投资者在进行操作时，应注意以下三个方面：

（1）寻找真正的重组股。真正的资产重组信息都能从公开渠道、公共媒体获得，如中国股市曾经第一高价股中国船舶（600150），重组以后主营业务明确，成为行业龙头，业绩优良，是重组股的一个典型。

（2）对于股价极低、流通盘不大的股票，如果有重组题材，可以信其有，但不可全信。

（3）对于股价已经炒高的重组股，以及那些没有重组实质的股票不可介入。对那些母公司将上市子公司当作提款机，打子公司的重组主意，这样的股票要避开。

（二）潜力股

潜力股是绝大多数中线投资者的追求，通常表现在以下几个方面：

（1）主力重仓。判断是否是主力重仓股主要通过基金重仓持股中的新增品种与增持品种、个股十大股东的近期变化情况来判断。

（2）热点题材。重大社会事件方面，如"一带一路"题材、自贸区题材、整体上市题材等。中报、年报影响方面，如未分配利润高、募股资金产生效益、行业提价等。

（3）股票成长性好，如入选上市公司成长潜力50强，本行业的龙头企业等。

（4）股本扩张能力强，如总股本数与实际流通盘均较小，公司含有较高的未分配利润、资本公积金、净资产等。

（三）业绩增长稳定的品种

平均增长率保持在一定水平，预期收益较好，目前股票价值未被高估的股票就值得中线投资。

选择中线持有的股票时，应注意以下几点：

（1）顺势而为。在国家政策面前，在股市大盘全面下跌的情况下，投资者不要存在侥幸心理去抢反弹或选择买入，应该顺势而为，清仓观望。如果股市大涨，则要顺势进入，中期持股。

（2）应全面分析。中线选股应该从六个方面来进行全面分析，即 K 线形态、技术指标、相对价位、公司基本面、大盘走向以及该股题材。

（3）应舍弃一些高价股。中线选股应放弃一些市盈率很高，价格远远高于内在价值的股票。中线炒股应选择一些价位较低的大盘股、蓝筹股较为稳妥。这些股票上涨的惯性较大，维持其上涨趋势的时间也较长一些。尤其是大盘蓝筹股经过第一波大的拉升后会有调整，再出现新一轮拉升行情时容易把握。虽然获利的幅度要小一些，不过总体来看，风险较小。

三、买入中线股的时机

（一）突破阻力位时

如果某只股票的股价一直在固定的区域内徘徊，多次冲击某一个价位始终不能突破，这个价位就成为股票上涨的阻力位。但是，一旦股票放量上涨突破这一阻力位，股价将有大幅上涨的可能，一般涨幅都在 30% 以上。这种股票往往都是主力在其中运作了很长一段时间，此时投资者可以迅速跟进做中线投资。

（二）整理洗盘时

每只股票的中级行情，通常都要经过 3 ～ 5 浪的上升，没有一步就上涨到位的股票。即使是强庄股，中间也一定有整理洗盘的阶段，关键是如何准确识别真假突破和回调，以便在回调整理末期及时买入。股价回调一段时间后，趋势仍然为多头排列，这时该股在低位拉出较大的阳线或者带量的中阳线，即可介入。

（三）跟随大盘

大盘未来变化的真正动力，其实是来源于个股的多空状态，所以，大盘走势首先代表了市场的整体发展趋势。强市有强市的操作技巧，弱市有弱市的操作法则，只有对大势有了正确的认识和判断，才能制定一个适宜的个股操作战术。在大盘处于上升阶段，一些个股表现活跃，此阶段应该建仓买入股票，并一路持股。在大盘下跌时，投资者应尽量多观望。

四、卖出中线股的原则

（一）坚持卖出法则

（1）手中股票持续上涨时，必须不断设置止盈点，回调跌破止盈点，立即卖出。

（2）股票长期盘整，应出货兑现，寻找新机会。

（3）须设立止损点，跌破止损位，立即出货。

（4）主力已经出货，不可心存侥幸，趁反弹快速出局。

（5）多空转换，不可恋战，及时出货，保存实力，待东山再起。

（6）热点退潮，所持该板块的股票必须兑现。

（7）龙头股处于调整或下跌时，应将买入的跟风股票卖出后观望。

（8）涨幅已经很高的股票，只要有一个条件发出确定的卖出信号，都应出货。

（二）卖点一到，坚决卖出

对于中线投资者而言，在出场判断时，下面的情况只要有一个成立，应立即卖出：

1. 击破重要均线指标

放量后股价跌破5日均线，并且股价在3～5个交易日内不能站上5日均线，随后5周均线也被击穿，应坚决卖出。如果股价击破30日或60日均线等重要均线指标要坚决清仓。

2. 连续放量冲高，换手率突然放大

上升行情中的股价上涨到一定阶段，累计涨幅超过40%，且每日的换手率都在3%以上，若某日换手率超过10%，意味着主力在拉高出货。如果收盘时出现长上影线，而次日股价又不能收复前日的上影线，成交量开始萎缩，表明后市即将调整，遇到此情况要坚决卖出。

3. 股价向下突破

如果股价在高位缩量横盘整理多时，某月突然放量向下突破，此时投资者要当机立断卖出所持股票。

4. 出现"双头"形态

认清"双头"形态对于把握卖点很有帮助。当股价不再有新的突破，形成第二个头时，应坚决卖出，因为从第一个头到第二个头都是主力派发阶段。虽然双头之间的距离不一，但只要出现就应该减仓。

（三）舍小保大

大盘持续滞涨，且未有大涨迹象时，投资者面临最大的问题是对套牢的个股如何处理。

此时，投资者应对个股进行分类：一是漫漫下跌途中的老庄股；二是已完成一轮炒作周期的个股；三是不断创新低的次新股。碰到这三类股票就要坚决卖出。

第十三章

长线操作技法

一、哪些人适合做长线

短线与长线并没有优劣之分，获利与否完全取决于投资者本人的能力和适应性。在有风险控制手段的前提下，短线的积少成多在一轮行情中能取得超额收益，而在选对股票的前提下，长线则能取得非常稳健的高收益。我们都知道，短线投资需要花费大量的时间和精力去盯盘，才能对大盘和个股有较为深刻的了解，才能有较强的市场感觉、领悟能力以及技术分析的能力。短线操作需要每时每刻观察实时行情，并及时对个股的走势进行分析、研究和判断；而长线投资则没有这样的烦恼，投资者只需在一个相对的大市和个股底部介入值得长线投资的个股，在一段时期内持有待涨，并在相对高位获利派发就可以了。当然，无论是进行长线投资还是短线投资，都要根据当时的市况而定。

（一）什么样的人适合做长线

俗话说：到什么山唱什么歌。投资也是一样，有些人适合做短线，有些人适合做长线，那么，什么样的人适合做长线呢？

1. 有大量空闲资金的人

这当然是首要的条件，做长线，交易不像短线那么频繁，错误率也相对较低。如果没有相当一部分的空闲资金，恐怕难以真正在股市中施展拳脚。

2. 没有大量时间盯盘的人

做长线的人由于空余时间和精力少，没有过多的时间关注股市行情的变动，当他们想到要留意股票行情并做出交易决策时，可能已经错过了相对好的时机。因此，这种人应做长线投资，选中股票后长期持有。

盯盘时间少，必然对于大盘和个股走势的敏感性也相对较低。如果缺乏对股市信号的敏感或不能正确把握信号采取应变的人，则应该考虑进行长线投资。

3. 决断能力较弱，但有一定理财知识及长线眼光的人

由于长线投资者有较充裕的时间做出判断，对直觉和胆略的依赖较少，因此，对能否迅速做出决策的要求也不高。如果决断能力较弱，但是有一定理财知识及长线眼光的投资者是非常适合做长线的。

4. 有耐心、信心和恒心的人

随波逐流是做一切事情的大忌，作为一名长线投资者，更要有独立分析和思考的能力，不能轻易被他人的意见所左右。做长线更重要的是要有耐心，在长时间持有股票时，不要因某一时的冲动而轻易卖出。

（二）长线投资的注意要点

对于长线投资者来说，需要具备以下一些投资心态：

1. 投机心态要减小

要树立理性的投资理念，不要为股价的小涨小跌所动，不要让投资成为投机，不要把长线变为短线操作。

2. 浮躁心态要改变

长线投资者要有一种等待的耐心，股价有一定涨幅后既要敢于持股也要敢于低位补仓，坚定自己的长线投资理念。

3. 翻本不是一天两天的事情

长线投资者在被套牢或是割肉出局的情况下，都不要想急于翻本，应坦然面对，耐心等待新的投资机会。

4. 保持头脑冷静，忌恐慌杀跌

一部分长线投资者，容易受到某些利空消息的影响，对股市或手中股票失去信心，于是拼命抛售手中的股票。还有些投资者会误信一些利好消息，这样

往往会上了一些别有用心的主力主力的当。因此，我们建议长线投资者一定要保持冷静的头脑，客观地分析各类消息的真实性，切忌盲目恐慌性杀跌。

5. 长线不需频繁操作

长线投资者切忌在市场上追涨杀跌，频繁操作，这样只会付出更多的佣金，而自己最后却获利甚少，同时，也加大了投资风险。

6. 过度贪婪不可取

过度贪婪是股市中的大忌，对于长线投资者来说更是如此。投资者想获取收益是理所当然的，但不能太贪心。许多时候，投资者的失败大多数都是由于过分贪心造成的。一个有理性的长线投资者在获利时绝不会贪婪，而是果断了结。

7. 盲目跟风难成功

股市波动受到诸多复杂因素的影响，其中股民的跟风心理对股市影响很大。有这种心理的投资者，看见他人纷纷买进股票时唯恐自己落后，在不了解股市行情和上市公司经营业绩的情况下跟风买入。有时见到别人抛售股票，也不问其抛售的理由，就糊里糊涂地卖出自己手中很有潜力的股票。这样的盲目跟风者往往会被那些利用股市兴风作浪的人所利用，事后追悔莫及。

另外，有的投资者爱盲目追逐热点，要知道市场的热点总是不断变化的，如果盲目跟风、追逐热点，容易在高位套牢。理性的、有志于长线投资的投资者，不会盲目追逐热点，而是从冷门股中寻找未来的热门股，从尚未被炒高的低价股中寻找有较大涨升空间的潜力股。长线投资者要树立独立买卖股票的意识，要学会结合自己的分析来炒股，不要盲目跟风。

二、适合做长线的时间点

相对于长线投资者来说，选择一个适合的时机介入尤为重要。

（一）一般时期如何选择介入时机

（1）市场是有周期性的，涨多了就会跌，跌多了就会涨，所有的股票市场都是这样。当大盘下挫时，95% 的股票都会下跌，最好在大盘企稳并重新上行时建仓。例如，大盘攻击 30 日均线，可尝试小幅建仓，如果能站稳 30 日均线并持续上攻则可加仓。

（2）关注财务报告，包括年报、中报和季报。在大盘走稳的前提下，对业绩有良好预期的个股，在报告发布前的 2～4 周就会出现上涨。

（3）关注股本分割，包括送红股和转增。在大盘走稳的前提下，大比例的股本分割可能会带来 10% 以上的涨幅。在方案公布后或者方案执行前会有一波上涨行情，投资者可以根据这一特点进行建仓或平仓。

（4）关注热点板块，大盘每一轮上涨都有一定的热点板块。大盘强势时，跟踪热点机会多一些；大盘弱势时，大多数热点不具有持续性，这时就需要谨慎。

（二）淡季入市更科学

如果长线投资者在交易清淡时介入，也许在短期内不能获得差价收益，但从长期来看，由于投资的成本较低，相对的投资回报率也就高得多。不宜在交易热闹时期介入，因为此时多为股价的高峰阶段，即使所买的股票为业绩优良的绩优股，能够获得不错的收益，但由于购买的成本较高，相对的投资回报率也下降了。

投资者在淡季入市要注意以下两个要点：

（1）主张长线投资者在交易清淡时进场购股，并不是说在交易开始清淡的时候就可以立即买进，一般来讲，淡季的末期才是最佳的买进时机。

（2）没有谁能够确切地知道到底什么时候是淡季的末期。也许投资者认为已经到了淡季末期而入市，行情却继续疲软了相当长一段时期，但有时认为应该再等一两个月进场，行情却突然上升而错过好的进场时机。所以，建议投资者在淡季入市时，应采取逐次向下买进的做法，即先买进一半或 1/3 仓位，之后视行情再予以加码买进。这样，既能使投资者在淡季进场，不错失入市良机，又可收到摊平成本的效果。

三、适合做长线的股票

上市时间长短、流通盘大小都不是选择长线持有的标准，股票是否适合做长线，关键在于股票的价值是否具有成长性。所谓成长性，是指该公司未来 5 ~ 10 年能够持续增长。判断企业的成长性需要从行业、品牌、核心竞争力等方面来做出判断，需要大量的时间和深入细致的调查才能得出结果。因此，比较适合做长线的股票主要以蓝筹股为主。

然而，股票投资本身就带有风险性，投资蓝筹股也应该区别对待，谨慎选择。投资蓝筹股并进行长期持有时应注意以下一些问题：防御性不强的蓝筹股不应该介入，股价高高在上的蓝筹股不宜介入。

除了蓝筹股，近几年没有被爆炒过的股票，由于其具有一定的估值优势，可能会引起其他投资者的关注。因此，也可以做长线。

四、长线投资组合的技巧

如果你打算长期在股市中投资，而你又是一个理性的投资者，那么，你一定会追求稳健。三角形是最稳定的结构，为达到稳定的收益可以搭配出三角投资组合。

三角投资组合需要将自己的资金四等分，具体操作步骤如下：

1. 布局

（1）以第一份资金购入短线最有上涨可能的股票，这只股票可以在各个机构的荐股榜上找。一般来说这只股票应是流通盘比较小以及活跃性比较好的股票。

（2）以第二份资金购入中线上涨的股票。这只股票可以是自己观察过的、具备良好业绩支撑的、一直在盘整未出现大幅上涨的股票。

（3）以第三份资金购入稳定性最高的股票。这只股票涨与不涨是次要的，但稳定性一定要高，一般挑选大盘指标股，如银行股或涉及国家大型工程项目的股票。

（4）第四份资金持币备用。

2. 操作

基本的操作思路是在预期顺利的情况下，第一只股票会先涨，锁定利润后加仓买入第二只股票，锁定利润后再加仓买入第三只股票。这样，完成一个周期，再布局下一个周期。

上面的情况是比较完美的。股市不可能完全按我们计划的这样走，很多情况下，买入的股票没有涨而是出现下跌，这时就需要用到第四份资金。三只股票哪只跌就将第四份资金补进去等待反弹，反弹后将第四份资金再抽出来，切不可贪心，因为少了第四份资金，你的系统风险会大很多。第四份资金的作用是保证下跌的情况下降低你的损失，最好不要有盈利的想法。

一定要注意第三只股票的稳定性要很高，因为最后你会将三份资金都放入最后一只股票，如果这只股票出现下跌，那损失将非常惨重。之前下跌你可以补仓等待反弹，三份资金都进入的时候，你只有一份资金可以补仓，所以这样操作时第三只股票的稳定性非常重要。

第十四章

强势股的解析

一、主力的建仓技法

主力建仓是其持股的第一步，建仓就是为了把某只股票的价格拉起来而开始逐步买入的行为。主力只有吸足了控盘所需的筹码，才便于日后其他环节的操作。准备工作做得再多，只要不进场吸筹，就谈不上坐庄。主力建仓的时间一般都会长达数月，甚至更长的时间。

主力建仓的过程就是一个筹码换手的过程，在这个过程之中，主力为买方，散户为卖方。主力只有在低位充分完成了筹码换手，吸筹阶段才会结束，发动上攻行情的条件才趋于成熟。主力的吸筹区域就是其持有股票的成本区域。在吸筹阶段也常伴随着洗盘过程，迫使上一轮行情高位套牢者不断割肉出局，主力才能在低位获取更多的廉价筹码。

主力要实现利润的最大化就不得不考虑其建仓成本。以最低的成本吸纳足够的筹码是每个主力梦寐以求的事情，主力为了做到这一点往往要下很大工夫。由于主力吸货时各个方面的因素不尽相同，所以，必须采取不同的吸货方式来满足其建仓的需要，通常有先上后下式建仓、先下后上式建仓等方式。

（一）先上后下式建仓

1.建仓方式

先上后下式建仓，就是指主力在股价运行到底部时收集一部分筹码，随后股价会出现小幅上扬。由于主力这时收集的筹码并不多，还达不到控筹的程度，于是，主力为了能够收集到更多的目标筹码，会再一次打压股价，以便收集更多的筹码进行建仓。

如图 14-1 所示，海联金汇（002537）的主力就是采用先上后下式的手法建仓。主力在这个阶段收集了一部分筹码，在收集筹码过程中，股价也呈现出缓慢攀升的态势，量能温和放大。随后，主力利用手里所掌握的筹码对股价进行打压，其目的就是让前期获利的一部分散户抛出手中的筹码。主力在这个阶段再次收集筹码，最终达到建仓的目标仓位。

图14-1 先上后下式建仓

采用先上后下式的建仓手法，在股价攀升这一阶段，成交量会有所放大，但股价涨幅一般不会很大，盘中经常会出现震荡。在这个过程中，也不排除股价某一天突然会放量大涨，并且盘口上会挂出大的卖单，然后主力再把大卖单对倒吃掉（所谓对倒，就是主力自己买自己挂出的卖单）。主力这样做的目的，是让散户误认为主力在出货，然后纷纷卖出自己的获利筹码，主力正好趁这个机会悄悄买进。在股价上升到一定程度时，主力再用对倒的手法把股价压低，这样就形成了下跌的形态。此时，一部分散户看到股价在不断下跌，就认为卖出筹码的决定是正确的，所以也就不会考虑再买回来了。没有出局并且意志不坚定的散户看见股价还在下跌，并且盘中不断出现大的卖单，就会认为主力真的在出逃，于是紧急抛出手中的筹码，这时的主力会将散户抛出的筹码一一吃进。

先上后下的建仓方式一般运用在股价经过一波下跌行情之后。采用先上后下的方式建仓，有一个非常明显的特征，就是股价在底部有一波反弹行情，但股价反弹的幅度很有限，通常不会超过 20%。反弹之后，股价继续回落下跌，有的甚至会回落到刚开始反弹的低点位置，这种现象被称为二次探底。

2. K 线走势特征

（1）建仓初期，升幅较小。采用先上后下的方式建仓，从 K 线走势图上可以看到，当股价从底部开始上涨时，一般都是小幅度地攀升，很少会出现急速上涨的走势。这是因为主力在这个阶段刚刚开始建仓，手里还没有足够的筹码把股价拉起来。

（2）建仓中期，步步推进。主力在逐步建仓的时候，股价也慢慢地攀升，一步一步地向高处推进，此时盘面上呈现出来的 K 线走势主要以小阳线为主。有时，也不排除有些主力急于收集大量的筹码，股价会在某一天出现大幅上涨，甚至有涨停的情况。

（3）建仓后期，打压股价。当主力收集到一定数量的筹码后，股价也已经被推高到了一定的位置。为了能够再吃进低价的筹码，主力就会利用已经收集到的筹码，通过抛售或对倒来打压股价。

在这种情况下，K 线走势上就会出现三种不同的形态：

① 如果主力的打压手法比较温和，就会出现阴阳交错的 K 线走势形态，但主要以阴线为主。

② 如果主力的打压手法比较凶悍，股价就会快速回落，K 线图上也会连续出现阴线，甚至是向下跳空的长阴线。

③ 当股价回落临近结束的时候，K 线走势图上会收出止跌信号，比如出现十字星形态，或者收出一根带长下影线的 K 线等（图 14-2）。

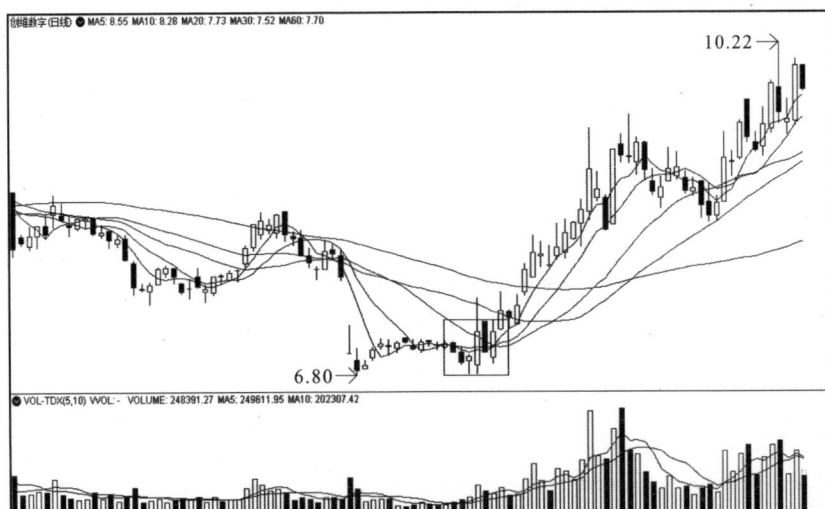

图14-2 创维数字日K线图

3. 成交量特征

主力建仓的过程，就是在不断收集筹码的过程。当股价上涨到一定程度时，主力开始打压股价，再次收集筹码。成交量则表现出先放量后缩量，也就是说，在股价刚开始回落的时候，会出现放量的现象，但在股价回落了几天以后，又会开始慢慢地缩量。

4. 分时走势图特征

股价在分时走势图上表现出以下一些特征：

（1）分时走势图上的买盘比较活跃，但大部分都是一些连续性的小买单，很少会有大买单出现，股价在底部区域上涨缓慢。

（2）股价会出现小幅高开的情况，股价高开后便会震荡走高，但每日上涨幅度一般都不会超过5%（大盘强势时，不排除个别交易日股价会出现大幅度的上涨）。

（3）在分时走势图上，股价出现冲高回落，后又被拉起（图14-3）。

（4）股价呈现出单边下跌的走势，或者是震荡下跌的走势，这是由于主力在股价从底部开始上涨这个阶段收集到了一部分筹码后，为了能够在更低的价位再次收集筹码，主力就会利用自己手里已经持有的筹码来打压股价，迫使股价下跌回落。

（5）在盘口发现有大的卖单，把股价压低一个甚至几个价位卖出，却看不到挂出大买单。通常是因为主力在挂出大卖单的同时，就挂出了价格相同的大买单，所以在委买处看不见这笔大买单挂出，只能在成交明细单上看见这笔成交单。

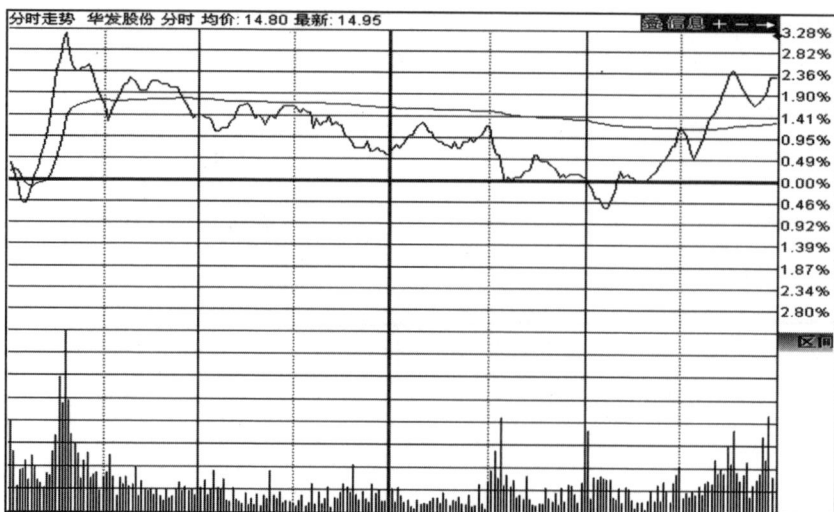

图14-3 华发股份分时走势图

5. 投资者操作策略

对中长线投资者来说，可以在确定主力已经入驻了该目标个股后，逐步跟随主力进场布局。需要注意的是，在跟盘过程中，一定要仔细观察和分析盘面上各个技术指标的特征，不要仅凭某一天的走势和盘面表象来判断是否有主力入驻。

作为中长线投资者，在主力刚开始建仓的阶段，不要因为想在低位拿到低价筹码而急于买进，这样操作风险是相当大的。因为一旦主力发现该股不适合坐庄操作，主力可能会放弃建仓，股价随后将会继续下跌。为了安全起见，中长线投资者应该待主力再次打压股价收集筹码的时候逐步进场。当主力打压股价回落接近尾声时，盘面上会出现一些迹象，比如收出十字星、倒锤头形态，或者是带长下影线的 K 线等，出现这些 K 线走势形态，就说明股价回落已经接近尾声。

对于短线投资者来说，从中获利的难度非常大，因为在这个阶段，几乎没有什么获利空间。除非是短线操作水平相当高的投资者，在主力一开始进场时就立即跟进，那么在主力建仓初期股价缓慢上升的过程中，也能够获取一定的利润。

对于短线投机者来说，在这个阶段最好不要进场操作，而是要多看少动。等摸透了主力的操作手法和风格后，在主力马上要启动拉升股价时，再进场参与短线投机操作。这样既能降低被套的风险，也提高了资金的利用效率。

（二）先下后上式建仓

1. 建仓方式

先下后上式建仓，是指股价已经下跌了一段时间之后，主力在股价继续下跌的过程中不断地收集筹码进行建仓，并且随着股价的不断下跌，逐步收集筹码数量。没有收集够的筹码，主力会在股价见底后的回升过程中继续收集，直至收集到足够坐庄和控盘的目标仓位。

如图 14-4 所示，天奇股份（002009）的主力就是采用先下后上的手法建仓的。主力在下跌过程的后期不断地收集筹码，待股价逐步见底，主力见筹码就通吃，盘面的成交量也出现温和放大。主力在构筑的这个整理平台上不断地来回震荡，把拉升过程中获利的一部分投资者清洗出局，为后期大幅度拉高股价做准备。待主力收集到了一定的目标仓位后，便开始进入拉升阶段。

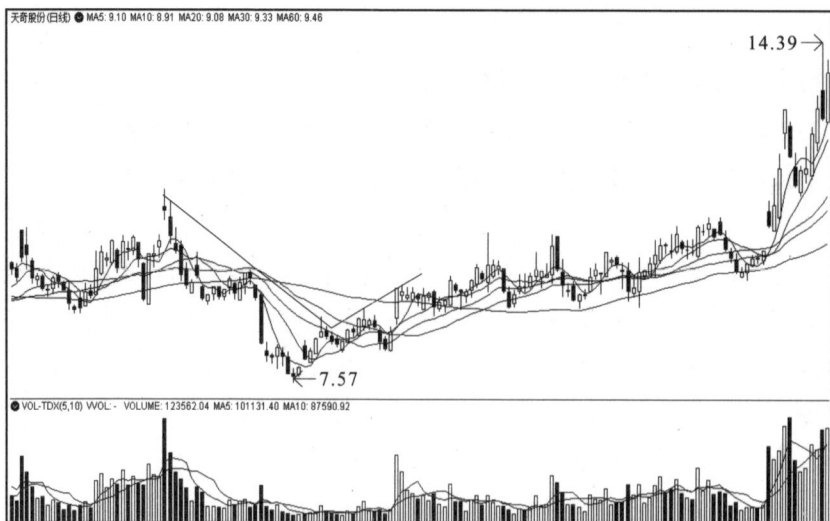

图14-4　先下后上式建仓

2. K线走势特征

采用先下后上方式建仓，在K线走势图中，股价会先呈现出一路阴跌的现象。在股价下跌过程中，经常会出现向下跳空的大阴线，或者是连续出现小阴线，很少有大阳线出现，K线图上主要是以阴阳交错的小阳线和小阴线收盘。

由于主力在股价下跌到一定程度之后就开始逐渐建仓，所以K线图上会呈现出股价下跌速度逐渐减缓的迹象，阴阳K线的实体也在逐渐缩小，常常是收出带上下影线的K线。

有些主力会在股价下跌到接近尾声的时候反手做空，采用对倒的方式大幅打压股价，使股价呈现出加速下跌的形态，最终收出一根实体较大的阴线，这种现象称之为"最后一跌"。主力这样做的目的是把那些持股信心较坚定的投资者的筹码吓出来，因为此时，主力已经很难再收集到大量便宜的筹码了（图14-5）。

当股价下跌见底后，K线图上会出现一些止跌信号，这些止跌信号包括带长下影线的下探形态、向下跳空的十字星形态以及启明星形态等（图14-6）。由于主力还没有收集到建仓所需要的筹码，所以，在股价回升的过程中，主力不会急于把股价拉高，而是在股价缓慢上涨的过程中继续收集筹码。如果过快地把股价拉高，就会提高主力的建仓成本。因此，这时的K线图上，会呈现出以小阳线为主的阴阳交错的K线形态，有时也会连续出现带上下影线的小阳线的走势形态。

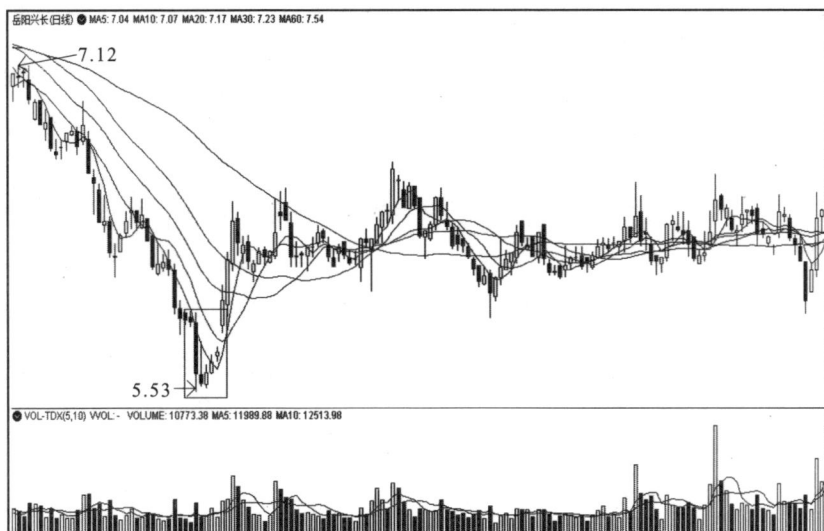

图14-5 岳阳兴长日K线图

图14-6 京山轻机日K线图

3. 成交量特征

主力采用先下后上的建仓方式入驻目标个股后,成交量上也能够显示出一些迹象。当股价经历一波下跌行情之后,盘中的短线筹码基本上已经抛售得差不多了,主力会选择这个时候进场建仓。在股价继续下跌的过程中,主力会用少量的资金逐渐收集筹码,因此在这个下跌的阶段,盘面会呈现出缩量下跌的走势。缩量下跌的原因有两个:

（1）因为股价前期已经经历了一段下跌行情，短线的恐慌性筹码已经基本抛售完了，此时留下的都是一些持股意志比较坚定的投资者，既然在前期股价刚开始下跌的时候没有抛售筹码，在这个阶段，他们也不会轻易地把持有的筹码抛售出去。

（2）由于主力不急于大量、快速地建仓和收集筹码，而是逐步地收集筹码，主力很少会采用对倒的手法进行控盘，所以成交量上就不会表现出放量的现象。

当股价见底回升后，成交量就会呈现出温和放量的现象。因为在股价见底回升的过程中，主力会继续收集筹码，所以成交量会呈现出逐步放量的形态。当收集筹码接近尾声时，有的主力为了能够快速完成建仓，就会突然大量地收集筹码，因而在盘面上就会出现某一天放出巨大成交量的现象。

4. 分时走势图特征

（1）在分时走势上，我们经常会看到股价呈单边式下跌，或者是震荡下跌的形态，有时还会呈现出连续低开低走的走势。这是因为在股价下跌的过程中，主力的建仓行为也是隐蔽的，在分时走势图上表现出低迷走势。如图 14-7 所示。

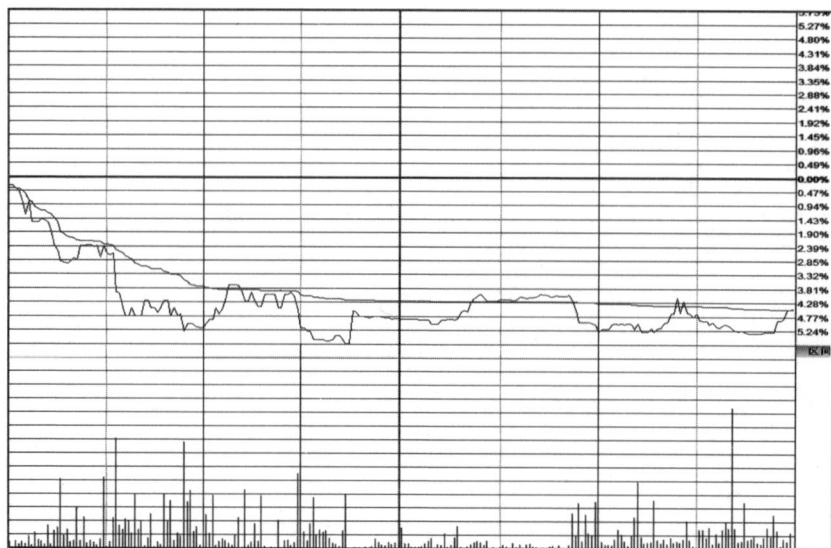

图14-7　个股分时走势图

（2）盘面上几乎看不到有主动性的大买单出现，盘口上显示的卖盘总数量，总是远大于买盘总数量，即内盘大于外盘。在这个阶段，有时也会出现上百手的大卖单，这些大卖单并不是主力对倒产生的，而是盘中的个别投资者因看空行情抛售出来的。在盘面上，也很少看见有大买单出来护盘的情况，有时甚至会出现长时间没有买卖成交，随后便引发股价快速下跌的现象。

（3）当股价下跌接近尾声时，分时图的盘面上会出现大卖单压盘的现象，这是主力为了能够把股价打压下去故意挂上的卖单。有时候，主力也会采用大卖单对倒的方式来打压股价。当主力把股价打压下去之后，又会在买单处挂出大的买单来护盘。

（4）当股价见底回升时，分时走势图上会呈现出缓慢上涨的态势。由于此时的主力还在不断地收集筹码，因此，主力不期望短时间内股价上涨得过快、过高，所以主力会在卖单处挂出上千手的大卖单，以压制股价的上涨速度和上升幅度。有时候，主力不但会在卖二或者卖三处挂出大卖单，还会在买二或者买三处挂出大的买单来，这样主力就能够把股价波动控制在很小的幅度内。

5.均线系统特征

用这种方式建仓，均线系统会出现以下阶段性的特征：

（1）当股价处于下跌趋势时，各个均线都处于空头排列形态。由于主力在这个过程中并不会主动出来护盘，所以均线都是处于向下运行的态势。

（2）当股价下跌接近尾声时，5日均线会慢慢走平。

（3）股价见底回升，10日均线也会随之慢慢走平，直至向上运行。在股价回升的过程中，股价会依托5日均线和10日均线的支撑向上震荡盘升，均线系统会慢慢地由空头形态转变成多头形态。如图14-8所示。

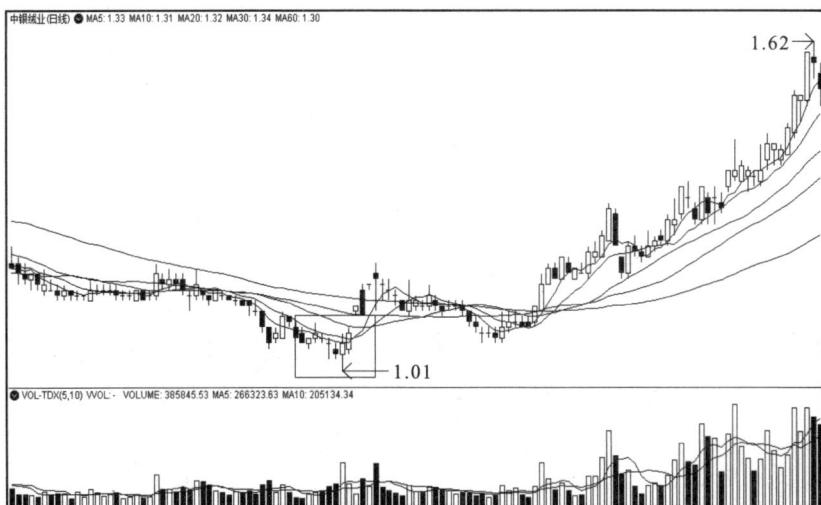

图14-8　中银绒业日K线图

6.投资者策略

无论是短线投资者，还是长线投资者，都应该结合整个过程去判断，不能以某一阶段表现出有主力建仓的迹象，就盲目地进场操作。因为有的个股股价在下跌过程中，成交量是比较低迷的，大都会呈现出缩量下跌的形态，随股价逐步见底，成交量才会慢慢放大。

投资者容易走入的误区是一见股价见底开始回升，就想当然地以为有主力介入了，实际上这也是错误的。因为当股价深幅下跌后，都有技术性反弹的要求，就算是没有主力入驻的股票，当股价下跌到关键技术位时，也会呈现出这些迹象。

投资者在实际操作过程中遇到这种走势形态的个股，可以结合整个下跌过程和回升过程中表现出来的各种迹象，综合判断是否有主力入驻，是否要跟进。

二、主力的洗盘技法

主力在把股价拉升了一段空间后，由于有大量跟风资金介入，浮筹会大幅增加，所以这时候需要进行震仓洗盘，从而甩掉低成本的跟风者，减轻上升压力。通过新老跟风盘的换手，使得除主力自身以外的市场平均持筹成本不断抬高，以利于后期拉升筹码的稳固性。主力通常会利用一些利好消息或者一些技术上的图形来达到洗盘的目的。

主力洗盘既要让持股信心不足的散户出局，又要让看好后市的人买入，以达到拉高散户平均持股成本的目的。因此，此时主力的手段都是比较凶狠的，有时制造出疲弱的盘面假象，会跳水式地打压股价，让散户产生无力回天的错觉，迫使散户在惊恐中抛出手中持有的筹码。主力洗盘时，在关键的技术位主力往往会出面护盘。下面是主力在洗盘过程中经常采用的几种洗盘方式。

（一）打压式洗盘

1.洗盘方式

打压式洗盘是指主力大幅拉高股价后，利用市场积累较多的获利回吐欲望，猛然反手打压，使股价大幅回落，把胆小者吓出场。主力作为控盘主力，往往会利用散户对个股运行方向的不确定性来控盘打压股价，以此来促使和引发股价的快速下跌，充分制造市场背景转换形成的空头氛围，加重散户投资者和小资金持有者的悲观情绪，强化其持有筹码的不稳定性。同时，也激发一部分持股者在实际操作过程中的卖出冲动。在这种洗盘方式中，主力采用的是心理诱导战术，通过控盘快速打压股价，促使市场筹码快速换手，以达到洗盘的目的。

一般采取这种方式洗盘的主力实力雄厚，控盘力强，否则，在散户恐慌抛售时下档无资金接盘，会使局面变得不可收拾。打压式洗盘的特点是打压股价的速度快、跌幅大，手法凶狠，既能节省洗盘的时间，也可以达到洗盘的效果。

如图14-9所示，楚天高速（600035）的主力采用的就是打压式洗盘。主力利用大幅度、快速打压股价的方式，制造出恐慌的气氛。普通投资者看见股价如此大幅度地走低，就会失去持股信心，产生卖出筹码的冲动。在此之前，主力对股价进行了一定幅度的试拉，拉升过程中，盘中积累了大量的获利筹码。主力通过这种先拉升然后打压的方式洗盘，可以促使持股者获利回吐，达到清洗浮动筹码的效果。

图14-9　打压式洗盘

从图14-9中可以看出，主力对股价进行快速试拉后，一部分投资者觉得股价已经到顶了，就会纷纷卖出手中的筹码，获利了结，这也是造成此时成交量放大的一个重要原因。主力进行打压股价，彻底消磨了短线投资者的持股信心，使得投资者最终不得不在这种恐慌的气氛下卖出自己手中的筹码，这也显示出主力的凶悍之处。该股经历了近两周的洗盘后，走出了一波拉升行情。

2.K线走势特征

在进行打压式洗盘之前，主力一般先进行拉高试盘。在试盘过程中，主力发现盘中的短线浮动筹码比较多，拉升股价比较沉重，才会采用这种打压的方式来进行洗盘。在洗盘的过程中，由于主力以打压股价为主，所以在日K线图上就会看到连续收出阴线的走势。

如图 14-10 所示，在洗盘过程中，有时会出现大幅低开高走的阳线，或者出现大幅度快速下跌的走势。如果主力洗盘手法相当凶狠，会让股价大幅度下跌，甚至最终以跌停的方式收盘。有的甚至会以跌停方式开盘，开盘后再快速将股价拉起，但最终还是收在前一日的收盘价之下。

图14-10　秦川机床日K线图

有的主力大幅度打压股价之后，会再把股价快速地拉起来，这样就会在日K线走势图上收出一根带长下影线的阳线或者阴线，有时也会收出十字星线。如图 14-11 所示。

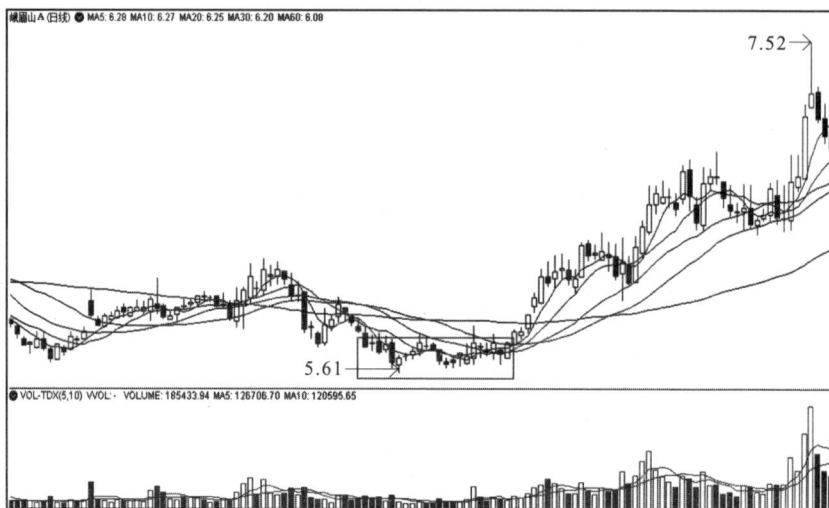

图14-11　峨眉山A日K线图

3. 分时走势图特征

主力采用打压式洗盘，在分时走势上会表现出以下一些特征：

（1）打压式洗盘，股价在分时走势图上的走势会呈现出非常疲软的现象，在整个洗盘的过程中，股价基本上是呈现出单边下跌的走势。打压手法比较凶狠的主力，会让股价呈现出快速下跌的走势，此时，分时走势图上就可以看到股价呈大幅度下跌形态。

（2）当股价大幅度快速下跌之后，盘面上就会出现大买单护盘的现象。这些大买单都是主力自己挂上去的，其目的是托住股价，封住股价继续下跌的空间，有些主力也会趁这个机会再次收集廉价筹码。因此，在分时走势图上就有一个比较明显的特征，那就是当股价快速下跌之后，在低位会出现积极的买盘，盘面表现出有强烈的支撑。

（3）在分时盘面上，还会经常出现对倒盘的现象。当股价刚开始下跌的时候，盘中会莫名其妙地出现大卖单成交。这些成交的大卖单并没有在盘面上的委买、委卖处出现过，却在成交明细单上出现了，这是主力采用对倒手法自己卖给自己所导致的。同样，当股价被大幅度打压之后，盘面上也会出现大买单成交的现象，这是主力在采用对倒的手法把股价拉起来。除了这些对倒行为，主力还会经常在委买和委卖处挂出大手笔的买卖单，目的就是为了托起股价或者是打压股价。

4. 成交量特征

当主力快速打压股价时，就会不断地使用对倒的手法。在主力对倒的过程中，会产生大手笔的成交量。同时，由于股价快速下跌，也会引发盘中的恐慌性抛盘，因此在这个阶段，成交量会呈现出放大的现象。

当股价快速下跌之后，成交量就会逐渐缩小。因为，主力不会继续对倒打压股价，此时盘中恐慌性的抛售也不多了，所以此时成交量会比较低迷。

主力把股价大幅度打压下去之后，再快速拉起的过程中，成交量会呈现出放大的现象。在这个过程中，放大的成交量来自两个方面：一方面是主力采用的对倒手法，导致成交量不断放大；另一方面是在股价被拉起的过程中，会引来一些场外的资金进场，从而导致成交量放大。如图 14-12 所示。

5. 均线系统特征

当主力打压股价进行洗盘时，5 日均线就会开始调头向下运行。随后，均线系统也会随之调头向下，形成空头排列。

在主力打压股价向下运行的过程中，会不断地跌破均线系统的支撑。打压手法凶狠的主力，会让股价快速跌破所有均线系统的支撑，使股价呈现出相当疲软的走势。

当主力结束打压之后，在股价回升的过程中，5日均线会率先快速向上运行，逐渐形成均线系统多头的排列形态。如图14-13所示。

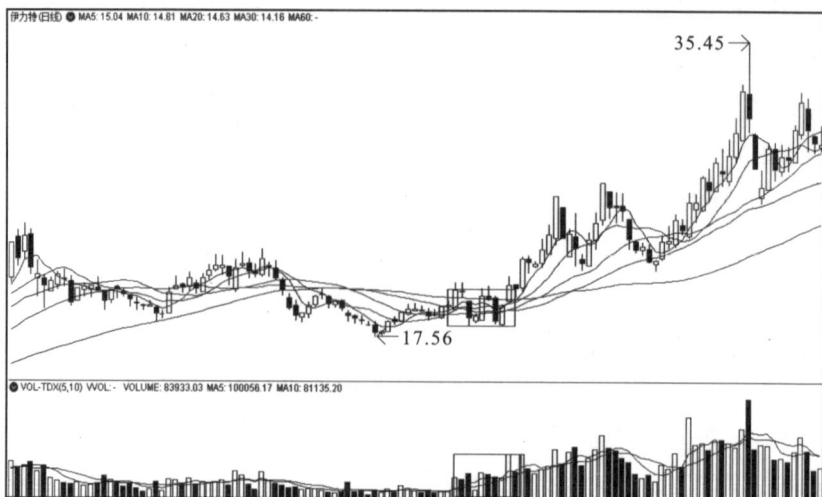

图14-12 伊力特日K线图

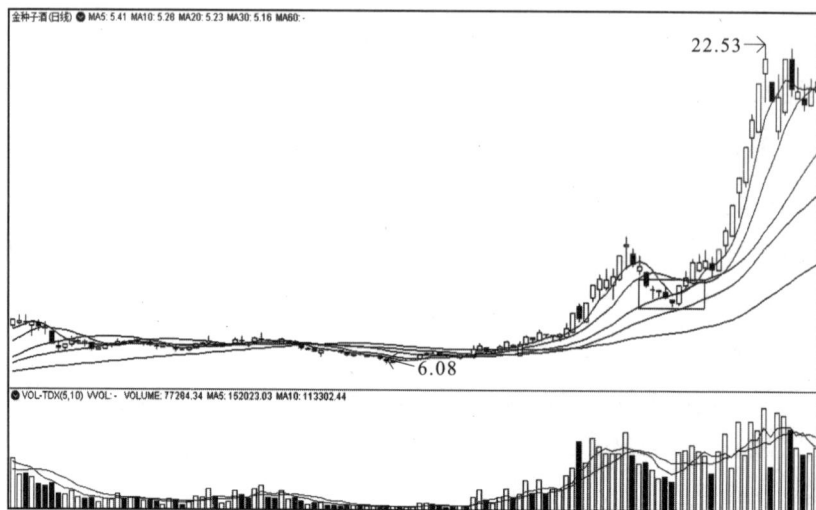

图14-13 金种子酒日K线图

6. 投资者策略

（1）打压式洗盘多用于投机性股票，在经过猛拉之后调整时借势打压。如果是绩优股，主力一般不采取这种打压方式，因为看好这类股票的人较多，打压砸出去的筹码不易捡回来。

（2）打压式洗盘的个股，股价的回落幅度一般都会超过10%，且回落的速度也较快。在洗盘的过程中，投资者如果想要参与操作，应该准确地把握主力的洗盘节奏，特别是对于那些想获取差价的短线投资者来说，这一点尤其重要。

（3）当股价快速下跌之后，盘中得到了有力的支撑，并且出现积极的买盘时，短线投资者可以趁这个机会进场买进。此时，盘面上会出现一个特征，即委买处会出现大的买单，而委卖处则挂单稀少。如果股价快速下跌之后，盘面上并没有出现上述现象，就表明投资者此时不要急于进场操作，因为之后股价还会有下跌的空间。

作为中长线投资者来说，在主力洗盘的过程中，可以在股价快速下跌之后，出现下跌无力时（即指股价经过一定幅度的下跌之后，盘中抛盘出现疲软的现象），再慢慢地介入。

如图14-14所示，股价经过大幅度下跌之后，在主力洗盘结束时，K线走势图上出现了十字星的止跌信号，第二天又收出了一根阳线实体，此时投资者可以进场参与操作。

图14-14　招商银行日K线图

（二）平台式洗盘

平台式洗盘也叫横盘整理式洗盘，是所有洗盘方法里耗时最长的一种。它主要是通过长期的牛皮盘整走势来打击和消磨一部分投资者的投资热情，当磨得大部分投资者信心和毅力不足的时候，主力的目的也就达到了。一般大盘绩优股的中级洗盘往往要耗时 3～6 个月。在这种漫长的消耗中，绝大多数投资者会进行换股操作。

1.洗盘方式

在横盘整理过程中，主力一般会让普通投资者将所持筹码在平台内进行充分自由换手，只有在大势向好或股价下滑的情况下，主力才会适时控制股价上涨和下跌。因此，在横盘整理洗盘的阶段，由于主力活动极少，所以成交量相对显得比较清淡。

成交量迅速减少，也进一步说明场内的浮动筹码经过充分换手后日趋稳定。随着新增资金的陆续入场，成交量也逐步呈现出放大的状态，股价开始缓慢上扬。此阶段的成交量和第一阶段强制股价进入平台整理时的成交量遥相呼应，形成漂亮的圆弧底形态。当成交量开始明显放大时，预示着股价即将突破整理平台，形成新一轮的升势。

如图 14-15 所示，山东海化（000822）的主力通过横盘整理的方式对该股进行了洗盘。在洗盘过程中，股价维持了一定的震荡幅度，但整体上股价一直保持在一个平台上运行。在此过程中，主力通过长期横盘的方式，来清洗盘中的浮动筹码。与此同时，主力自己也在股价震荡的过程中，用一小部分筹码来进行高抛低吸赚取差价，降低持仓成本。

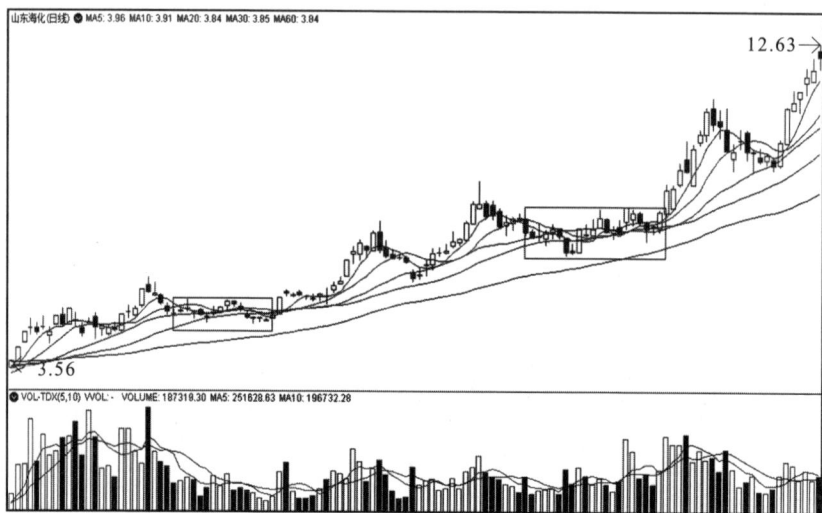

图14-15 平台式洗盘

采用横盘整理方式洗盘的主力都是实力较弱的主力，在横盘整理洗盘的过程中，股价往往会保持一定幅度的震荡，主力同时会利用股价的震荡不断地低吸高抛赚取差价，以此来降低持仓的成本。如果是实力较强的主力，一般都会把股价振幅控制在很窄的范围内，使股价走势极其沉闷。

2. K 线走势特征

在整个洗盘过程中，股价是在一个波动幅度比较小的区域内运行。在日 K 线走势图上，股价运行轨迹往往呈现出一根横线式的走势平台。在这个平台上，股价呈现出阴阳交错的走势形态，有时也会出现大阴线和大阳线的走势，但是在洗盘的过程中，股价的运行不会脱离这个整理平台。

当洗盘结束后，会突然收出一根大阴线，让股价快速跌破这个洗盘平台，目的是通过这一快速打压股价的动作，促使一部分散户卖出筹码。但是，在股价拉出大阴线的走势之后，股价就会被快速拉起来，或者是逐步地上涨回升，重新回到整理平台上来。也有的主力在洗盘结束后，K 线走势图上会出现向上突破的大阳线的走势形态，这根大阳线把股价快速拉离洗盘平台，并且在随后的走势中，股价呈现出强劲的上涨。如图 14-16 所示。

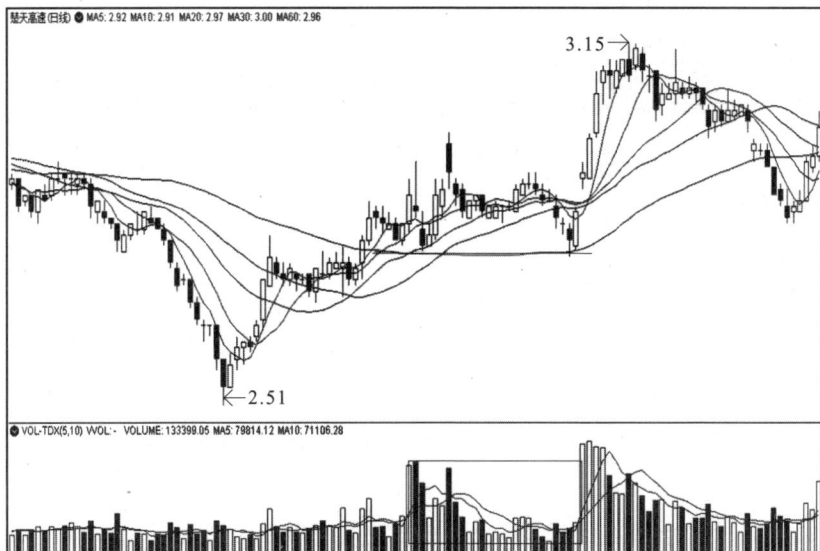

图14-16　楚天高速日K线图

3. 成交量特征

平台式洗盘的股票，在 K 线图上的表现形态常常是一条横线，或者一个长期震荡的平台。从成交量上来看，在平台整理的过程中，成交清淡，也就是说，在平台上没有或很少有成交量放出。

采用平台方式洗盘，主力在整个洗盘过程中不会过多地干涉股价的运行，在这个阶段主力也很少参与操作。从整体上来看，成交量会呈现出比较低迷的状态。

如果盘中某一天突然出现拉高或者是大幅度打压股价，成交量也会出现放量的现象，但这种放量只是短时间的放量，不可能出现连续性的放量。如图 14-17 所示。

图14-17　招商银行日K线图

4.分时走势图特征

在分时走势的盘面中，经常看到股价出现快速上涨之后，在委卖处会出现大手笔的卖单，这些大卖单都是主力挂上去的，其目的是压制股价的上涨。同样，当股价快速下跌之后，在委买处也会挂出大手笔的买单，这些大手笔的买单也是主力为了护盘挂出来的。

在整个横盘整理阶段，股价在分时图上的走势整体上表现是比较低迷的，主要是以震荡的走势为主，股价在大部分的时间里都是围绕均价线上下运行。有时也会出现快速上涨或者是快速下跌的走势，但这种现象一般不会维持较长的时间，通常在 2～3 天以内。

5.均线系统特征

从整体上看，当股价处于横盘整理洗盘过程中时，大部分均线系统是处于趋近水平形态排列。当股价向上运行时，5 日均线就会开始向上运行，形成多头的排列形态。同样，当股价向下运行时，5日均线也会率先向下运行，形成空头的排列形态。

在这个阶段，由于股价的波动维持在一个比较小的范围内来回运行，所以均线系统不会有太大的变化，除非是股价出现突然的大涨或者大跌的现象。

6. 投资者策略

采用平台式洗盘，主力是用时间来换取空间，所以投资者遇到个股在进行平台式洗盘时，一定要注意不能过早地进场操作，特别是短线投资者。在这个过程中，投资者应该多看少动，耐心观察股价的运行情况，认真分析盘面出现的特征，从而判断主力洗盘的进展情况。

在洗盘的过程中，如果股价突然出现向下破位大幅度下跌，这很可能是主力洗盘时的最后一跌。如果发现股价出现向上突破平台并且出现放量上涨的走势，且股价在接下来的三天里持续走强，此时投资者就可以放心地进场操作了。如图14-18所示。

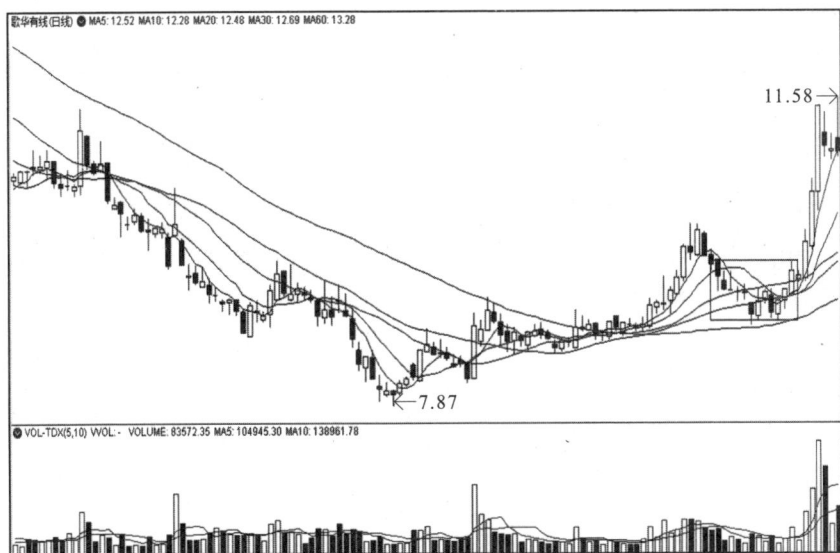

图14-18　歌华有线日K线图

三、主力的拉抬技法

主力拉升的最根本目的是获利，通常会选择以下一些有利时机：

1. 选择大势平稳时

顺势而为是主力特别注重的。逆势而行虽然有成功的例子，但成功的概率很小，其过程也是困难重重。所以，在大势较弱的情况下，股价拉升的情况极少，这通常也是弱势中主力不介入个股的主要原因。

2. 选择重大利好出台时

包括市场和公司基本面两方面的利好出台时，主力会拉升股票。这也是"政策市"或者"消息市"的重要特征，反映在股价走势上就是高开低走。

3. 利用含权和除权时

这也是最常见的主力拉升出货时机。这种方法主要是利用了人们贪便宜的心理，而这种心理是绝大多数人难以克服的。送股后股票数量变多，除权后股价变低，所以主力就常常采用抢权和填权的方式来拉升股价。

4. 热点板块效应

在我国股市中，一直以来都有板块联动的规律，尤其是在大势向好时，板块联动的效果表现得特别明显。如果主力操控的股票是跟市场热点相关的股票，那么主力的拉升动作就具有很好的隐蔽性。比如2021年上半年的军工板块的炒作，都是充分利用了热点板块效应。

主力通过建仓、洗盘之后，股票价格一旦盘实了底部，主力的下一步就是拉抬股价了，通常有以下一些拉升方式。

（一）平地拉高式拉升

平地拉高式拉升是一种非常节省资金、时间的方式，它是主力在洗盘结束后，采用连续拉出大阳线或是连续拉涨停板的方式，迅速把股价拉至高位，在K线图上形成"高楼平地起"的形态。

当个股有重大题材即将公布或者是有利好消息要发布时，主力往往会迫不及待地借助这些消息，采取平地拉高的方式来推高股价。采用这种拉升方式的主力，实力一般都比较强，其操作的股票大都能成为市场中的黑马股，很容易引起跟风盘的追涨。

1. 拉升方式

主力采用这种方式拉升股价需要很强的魄力和实力，因为其在拉升的过程中根本不会去考虑回头整理或中途洗盘震仓，而是让股价一飞冲天，让人有一种坐火箭的感觉。主力在拉升股价之前，已经在底部吸足了筹码，只有对股票高度控盘后，主力才会启动这种方式对股价进行拉升。

采用平地拉高方式拉升的主力，在拉升手法上非常凶悍。在K线走势图上，经常可以看到连续拉出大阳线，有时也会形成多个向上的跳空缺口，并且这些缺口在短期内一般不会被回补，甚至还会有连续拉出涨停的现象。平地拉高式拉升，经常被主力应用在流通盘适中的个股上，因为主力对这些个股比较容易控制筹码。另外，在投资者追涨意愿非常强烈的市场环境下，对那些具备价值投资的个股，或者是有利好题材的个股，主力也经常会采用这种方式进行拉升。

如图 14-19 所示，兴发集团（600141）的主力采用了平地拉高式拉升方式。在拉升之前，就在底部收集了足够的筹码，达到了高度控盘的程度。

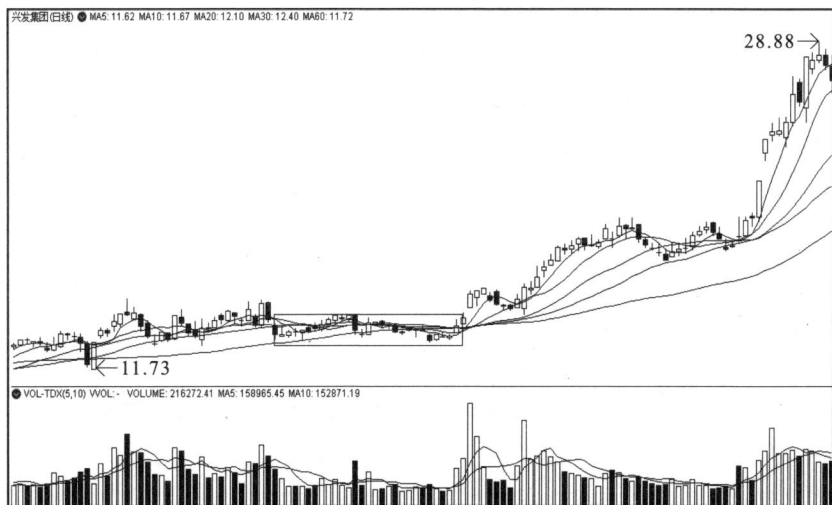

图14-19　平地拉高式拉升

从图 14-19 中可以看出，在主力拉升之前，股价走势一直表现得很低迷，成交量也是极度萎缩。场外投资者看到该股股价走势如此低迷，大部分都不愿意进场参与。持有该股的投资者也因此失去了持股的信心，于是选择把手中的筹码卖出。随后，主力开始对该股进行拉升，出现了井喷式的上涨。股价在连续大幅度上涨之后，成交量也放出了巨量，这表明场外资金看到涨势如此凶猛，便不断地进场追涨。

2. K 线走势特征

平地拉高的拉升方式一般都是被用在那些经过充分洗盘之后，主力完全控筹的个股上。主力在对个股绝对控盘之后，大幅度地拉抬股价。因为这时盘中的浮动筹码比较少，主力完全可以按照自己的意愿去控制股价的走势。因此，在 K 线走势图上，股价会呈现出非常强劲的上升走势形态，在整个拉升阶段，很少会出现较大的阴线实体。

主力刚开始拉抬股价时，K线走势图上经常会出现放量的大阳线，并且上涨幅度大都在5%以上。在上涨的过程中，股价一直依托5日均线陡峭地向上运行。手法凶狠的主力，刚开始拉升时还会以涨停的方式拉抬股价，在K线走势图上形成"一"字形的走势形态。如图14-20所示。

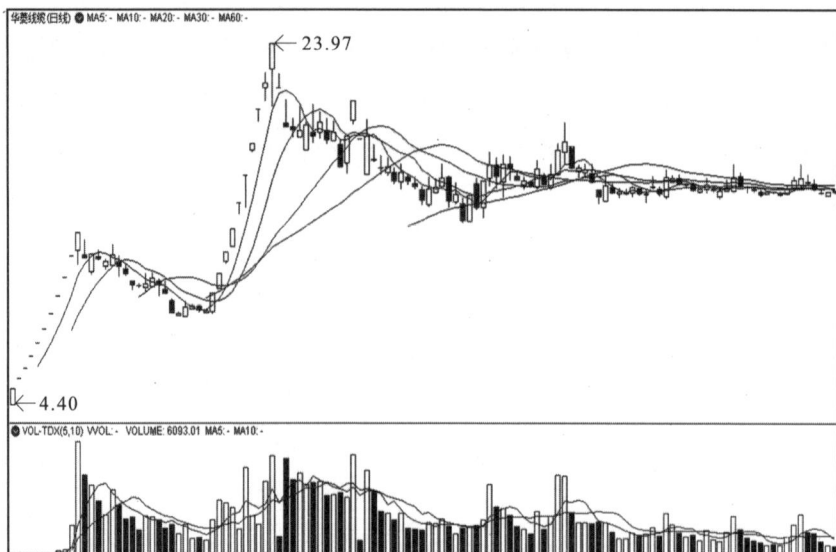

图14-20　华菱线缆日K线图

在拉升过程中，大多数个股会出现连续向上跳空的走势，很少会出现带长上影线的K线走势。在整个拉升阶段，股价几乎不会出现大幅回落，5日均线成为股价上涨的强劲支撑。即便股价稍有回落，都会在回落到5日均线附近时被快速拉起，然后继续向上运行。

3. 成交量特征

采用平地拉高方式拉升，在成交量上表现出来的特征有：

（1）主力刚刚开始拉升的时候，会呈现出突然放出巨大成交量的现象。股价在刚启动时，会拉出一根放量的大阳线，当天的成交量比前一天的成交量放大若干倍。

（2）在平地拉高方式拉升的过程中，成交量会随着股价的不断上涨而放大，呈现出价涨量增的态势。

（3）有些个股经历了长期的底部横盘之后，主力达到了完全控盘的程度，在拉升时，主力只需用很少的成交量就能把股价大幅度地拉高，甚至直接拉到涨停板上。这时，股价虽然出现大幅度上涨，但成交量却没有放出巨量。

4. 分时走势图特征

采用平地拉高方式拉升的个股，在分时走势图上股价呈现出一浪高过一浪的现象，并且经常出现高开高走的走势。

在平地拉高式的拉升过程中，分时盘面上时常会看到股价一下被拉高几个价位的走势，这是主力采用对倒的手法把股价一口气拉高，以此来引起场外投资者的注意。当股价被拉高后，委买处就会出现大买单的现象，这些大买单都是主力所为，这是主力为了吸引场外的投资者入场，想借助散户的力量把股价继续推上去。

当主力在买一处挂出大买单后，场外资金想立刻买进的话，就必须以卖一的价格直接买进。所以，当股价被拉高到一定高度时，主力只需要挂出大的买单，就能吸引场外投资者把股价推上去，这样主力既达到了拉高股价的目的，又减少了拉升股价的成本。

5. 均线系统特征

采用平地拉高方式拉升股价，在拉升阶段各个均线系统都是呈现多头排列的形态，特别是 5 日均线会以大于 60° 的角度陡峭地向上运行。

在这期间，5 日均线和 10 日均线是股价运行的有力支撑线，每当股价回落到这两条均线附近时，都会被强有力地拉起。在股价拉升的过程中，其他均线向上运行的角度都会大于 45°，股价始终依托 5 日均线的有效支撑逐步向上拓展空间。

6. 投资者策略

采用平地拉高方式拉升的股票，只要投资者能把握好进场的时机，短期内获取的利润是相当丰厚的。

在拉升前期，股价都会有一个走势低迷的过程，成交量也会呈现萎缩的情况。投资者应该密切注意股价的走势，判断该股是否已经建仓完毕，是否经历了洗盘的过程。如果是主力已经建仓完毕，并且也已经完成了洗盘过程，那么，就可以等待主力的拉升时机了。一旦股价向上突破时，投资者就应该立即跟进，这是进场操作的最佳时机。

如果在主力拉升股价时，投资者还没来得及跟进，并且接下来几天股价一开盘就出现涨停的现象，根本无法进场买入，这时也不用着急。股价经过一段时间快速拉高后，大部分主力都会让股价有一个回落的过程，或是让股价停滞不前，进行短暂的休整或者洗盘。如果股价是选择回落的方式洗盘，回落的幅度最多是在 5 日和 10 日均线之间。当股价回落到 5 日和 10 日均线之间时，投资者可以在这个价格区间进场操作。如果股价是横盘休整，那么，在股价再次放量上攻时，就是进场操作的时机。

（二）阶梯式拉升

1.拉升方式

相对平地拉高式拉升，阶梯式拉升比较稳当、和缓。主力把股价拉到一定高度后，便横盘整理一段时间，使那些没有耐心的持股者出局，清洗掉一部分意志不坚定的投资者。然后，再把股价拉高一段空间，同样又停下来进行横盘整理，如此反复多次，不断把股价推高。主力采用这种方式来拉升股价，能够起到边拉升边清理短线获利筹码的效果。

如图 14-21 所示，中闽能源（600163）的主力采用的就是阶梯式拉升。采用这种方式拉升的股票，在拉高一段距离停下来休息时，停顿的时间一般都不长，并且大多数股票都是以横盘的形式来停顿休整的。也有一些主力会采用震荡的方式来停顿休整，但股价震荡的幅度都不会很大。在拉升过程中，成交量会逐步温和地放大，而当股价停顿休整时，成交量会有明显的缩小。

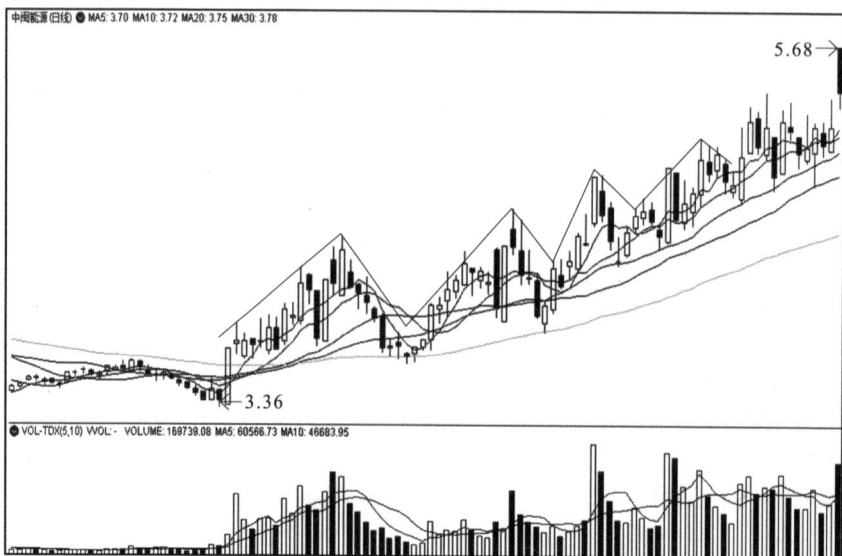

图14-21　阶梯式拉升

对一部分短线投资者来说，在股价连续攀升的过程中，看到股价停滞不前，就会担心股价回落，持股信心也会动摇。但停滞也能使那些长期看好该股的投资者进场，这有利于主力的后期拉升。

2.K线走势特征

采用阶梯方式拉高股价，K线走势图上会呈现一种阶梯的形状，并且是一阶高过一阶。

在拉升过程中，主力先把股价拉高一段距离，之后就不再去参与买卖，而是让盘中的散户们自由买卖和交换筹码，主力只在关键的时刻出来干预股价的走势。在拉升阶段，不同的主力采用的手法是不一样的，通常有以下两种：

（1）凶悍并且资金实力雄厚的主力在拉高股价的过程中，就会采取快速拉高股价的方式，以节省拉升的时间。此时，K线走势图上会呈现出大幅度拉升的现象。股价在上涨的过程中主要是以大阳线的形式收盘，并且时常会出现向上跳空的走势形态，有的甚至会出现以涨停的形式拉高，或者是一开盘就出现涨停的现象。

当主力把股价拉高到一定高度后，就会停顿下来，不去参与操作，让散户们在里面自导自演，这个阶段股价的走势就会比较低迷。在主力停止拉升股价的过程中，股价会构筑一个平台，或者是小幅度的回落。如果股价呈现出回落走势，那么，在K线走势图上就会呈现出阴跌的现象，但下跌的幅度不会大，整个回落过程的幅度一般不会超过15%。在回落过程中，有的时候也会突然出现一根大阴线的走势，回落的时间一般不会超过10天，股价就会重拾升势。如图14-22所示。

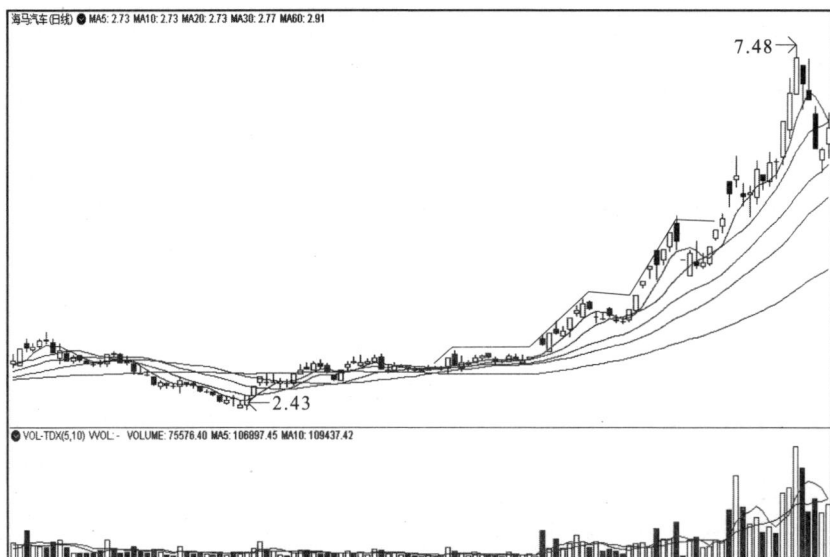

图14-22　海马汽车日K线图

（2）比较温和的主力，会让股价呈现缓慢上涨的形态，此时，K线走势图上就会呈现出小阳线或者是阴阳交错的形态向上盘升，并且经常收出一些带上下影线的阴线或阳线实体。在这个过程中，股价有时也会出现高开高走的现象，但高开的幅度一般都不会很大。有时主力也会突然拉出一根长长的大阳线。有的股价在拉出大阳线之后的一两天里，股价上涨幅度会明显放缓，呈现出滞涨的状态。如图14-23所示。

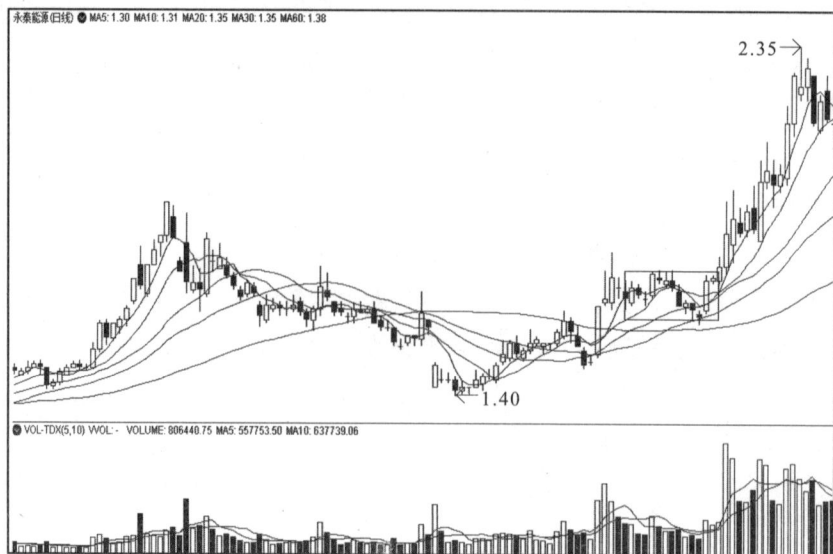

图14-23　永泰能源日K线图

3. 成交量特征

在阶梯式拉升的个股中，成交量会呈现出拉高时放量，股价停顿休整时缩量的现象，这是主力在拉高股价时吃进筹码产生的成交量，或者是主力在拉高股价的过程中引起了场外投资者的关注，场外资金纷纷进场参与操作，从而使成交量得到有效放大。

当股价被拉高到一定价位时，主力就不再参与操作了，盘中只有散户们自己在那里交换筹码，所以此时的成交量会明显萎缩。

4. 分时走势图特征

在拉高股价的过程中，分时走势图上也时常会出现冲高回落的现象。如果主力采用的是快速拉高的手法，那么在分时走势图上，股价就会呈现出单边上涨的现象，有时甚至会出现高开高走的走势形态。有时主力会一口气把股价拉高几个价位，这时，股价会呈现出直线式的上升走势。

当股价处于休整阶段时，分时走势图上就会呈现出比较低迷的状态。此时的股价呈现出震荡的走势形态，在一个小幅度的区域内来回波动。当股价向下回落到一定程度的时候，委买处就会出现主力挂出来的大手笔买单，用以封住股价的下跌空间。同样，当股价向上震荡到一定幅度的时候，委卖处也会出现主力大手笔的卖单，用以压制股价的上涨。

5. 均线系统特征

采用阶梯方式拉升股价，如果主力采用的是缓慢拉升，那么，各个均线都会呈现出多头排列的形态，其中5日均线和10日均线向上运行的角度会大于30°，并且在整个上涨的过程中，5日均线和10日均线始终都是股价的依托和上涨的有力支撑线，每次股价回落到这两条均线附近时，都会受到支撑。

如果主力采用的是快速把股价拉高，那么各个均线都会呈现陡峭向上的排列形态，特别是5日均线和10日均线，向上运行的角度会大于60°。当股价被拉高到一定幅度之后处于滞涨阶段时，短期的均线系统就会逐渐走平，或者是呈现小角度的向下倾斜的空头排列形态。

6. 投资者策略

采用阶梯方式拉升股价，由于股价在拉升中会有一个形成阶梯的过程，这就给投资者带来了进场操作的机会。

（1）如果投资者关注此类股票，并寻找机会进场时，操作上只要把握回落时出现的止跌信号，就可以果断进场操作了。

（2）如果投资者手中已经持有该股票，并且持股者的判断能力以及技术功底比较强，就可以大胆地进行短线操作，赚取其中的差价。

（3）在每次拉高的后期，都会出现放量冲高回落的现象，或者是收盘时收出一根放量的阴线。这是由于此时股价很可能进入回落阶段，或者是横盘震荡构筑台阶的时候。一旦碰到这种情况，投资者应该考虑先卖出，走为上策，以回避股价回落和横盘震荡带来的风险。等到股价每次构筑台阶结束时，盘面上出现了止跌信号（比如十字星等），此时，投资者就可以考虑买入。

（三）推土机式拉升

1. 拉升方式

采用推土机式拉升方法的主力的实力一般都比较强大，通常采用的是连续中阳线式的拉升。在刚刚进入股价拉升阶段时，股价上涨的速度没有平地拉高式那么快，上涨幅度也没有平地拉高式那么大。

主力采用推土机方式拉升股价时，经常是以中线操作为主。绝大多数主力对其目标个股的控制筹码程度要占到流通盘的 30% ～ 45%，目标涨幅大多在50% 以上。

如图 14-24 所示，上海建工（600170）在拉升过程中，主力采用的就是典型的推土机式拉升。从图中可以看到，在整个拉升途中，股价几乎没有什么回落的动作，而是一路坚挺地往上拉高。

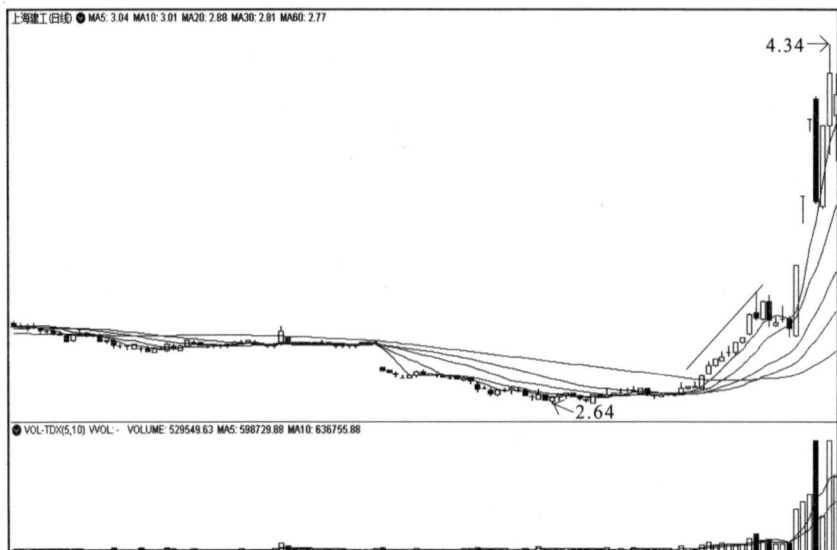

图14-24　推土机式拉升

2. K 线走势特征

采用推土机方式拉升，股价在 K 线走势图上会呈现出连绵不断地向上盘升的阳线，在整个股价上涨的过程中，很少会出现连续回落的阴线走势。股价刚启动的时候，主要是以小阳线的形式逐步向上拓展空间。股价先是小幅度上涨，之后突然出现快速拉高，随后又放缓上涨的速度。主力就是反复不断地使用这样的手法，一步一步地把股价拉上去。在股价拉升的过程中，即使盘中股价出现回落，时间也不会持续很久，大多数都是 1 ～ 3 天的时间，然后股价就会进入下一阶段的拉升。

3. 成交量特征

采用推土机的方式拉升股价，在股价刚脱离底部开始上涨的时候，成交量并不会放出巨量，而是呈现出温和放量的走势。随着股价的不断上涨，成交量就会逐步放大。在这个过程中，量价配合比较合理，基本上是随着上涨幅度的不断加大，成交量也出现不断增加的状态。

如果在上涨的途中股价突然出现大幅度拉高，那么，成交量也会跟随着出现快速放大的现象。当股价出现回落的时候，成交量就会出现缩小的状态。即使出现股价快速回落并且伴随着成交量的放大，在第二天的走势里，成交量也会迅速地呈现出缩小的现象。

4. 分时走势图特征

采用推土机方式拉升股价，股价在分时走势图上会呈现出稳步上涨的态势，股价有时也会出现快速上冲的走势，但随后就会回落休整，休整之后再稳步上涨。如图 14-25 所示。

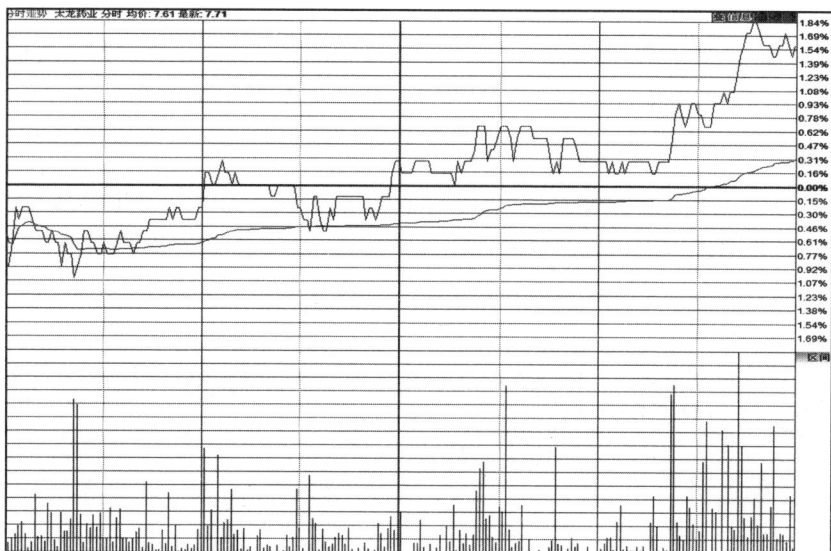

图14-25　个股分时走势图

（1）当股价上涨到一定程度的时候，有些个股就会出现快速拉升的现象。此时，分时走势图上股价就会出现单边上涨的现象，有时会出现高开高走的走势，并且股价上冲后，基本上不会出现大的回落。盘面上也经常会出现对倒的现象，主力会突然跳高几个价位吃进上千手的筹码，把股价直接拉上去。

（2）当股价在上涨的过程中出现回落时，分时走势图上就会呈现震荡下跌的走势，或者出现快速下跌的现象。但当股价快速下探后，盘中就会出现积极的买盘，盘中的抛售也比较稀少。

5. 均线系统特征

推土机式拉升的股价，在整个拉升过程中，各个均线系统都是处于多头排列的形态，股价始终依托 5 日均线和 10 日均线的支撑向上盘升。

而且在这个过程中，即使股价有所回落，在回落到 5 日均线和 10 日均线的时候，也会受到这些均线的支撑，很少会出现向下运行的情况。偶尔股价跌破 5 日均线或 10 日均线，也会很快被拉起，调头向上运行。

6. 投资者策略

采用推土机式拉升的股票，一旦进入拉升阶段，其上涨的幅度是很可观的，投资者如果能跟住这样的股票，就会获得不错的收益。散户在跟踪主力时，操作上需要注意选择好进场的时机，进场后也要保持良好的心态。在股价开始稳步向上盘升的时候，投资者就可以跟进。当股价开始出现放量上冲时，是最佳的买入时机。

采用推土机式拉升的股票，在刚开始进入拉升阶段时，股价的上涨速度都是比较慢的，成交量在短时间内也得不到有效的放大，因此，进场的投资者一定要有耐心。

股价在上涨的过程中，有时会有小幅度的震荡，只要股价回落时不放量，拉升就还没有进入尾声，投资者可以继续持有。如果股价出现放量回落，并且以阴线报收，一旦第二天没有被拉起来，并且是继续放量下跌，投资者就应该果断出局，获利了结。

四、主力的出货技法

主力进行吸纳、洗盘、拉升的最终目的是能顺利出货（也称派发）。主力的不少筹码已在拉升中进行了出货，但大多数主力仍必须选择合适的机会进行出货，否则，账面的盈利无法实现。

（一）主力出货时盘面表现出的情形

（1）股价在主力的快速拉抬之后缓缓向下，或在均线附近做长时间停留，成交量逐步放出，这是主力利用均线系统在派发。

（2）均线持续走平，股价盘跌且连续跌穿 5 日、10 日均线，并以阴跌形式向下发展，这是主力利用散户抢反弹的心理在出货。

（3）股价完成盘局，最终向下突破，且连拉数阴，成交量间断性放大，这种阴跌的走势表明主力出货基本上完毕。

（4）股价处在拉升后的高位，利好消息不断出现，但股价却不涨反跌，表明主力出货心切。

（二）捕捉主力出货信号

1. 放量不涨

股价上涨了一段时间后，如果某天出现放量不涨的现象，就基本可以确认是主力在出货。

如图 14-26 所示，万华化学（600309）的成交量出现了放大，而股价却没有上涨，表明主力在出货。尽管第二天股价没有跌下来，且成交量与前一日相差不大，但随后股价出现了下跌。

图14-26 万华化学日K线图

2. 消息增多

这个"消息"不仅包括小道消息，还有一些正道消息。正道的消息如报刊、电视台、广播电台、各网络平台的消息多了，这时候就表明主力在准备出货。在上涨的过程中，报纸上一般见不到多少消息，但是，如果正道的宣传开始增加，说明主力萌生了退意，准备出货了。

3. 该涨不涨

在形态、技术、基本面都表明应该上涨的时候，却迟迟不见上涨的个股，这就是主力要出货的前兆。

如图 14-27 所示的华发股份（600325），该股出现了放量突破，股价创出了新高 7.24 元，这就是主力出货的征兆，随后股价出现了下跌的走势。

（三）主力的出货方式

主力的出货方式有以下几种：

1. 筑平台进行出货

这类股票大都有急速拉升某股的行为，在拉升至某一位置后，主力开始构筑平台进行技术修正，而且不少个股的走势形态也十分好看，这极易使一些技术派人士产生入场的冲动。主力在构筑平台的过程中，逐渐将其手中的筹码进行了派发。

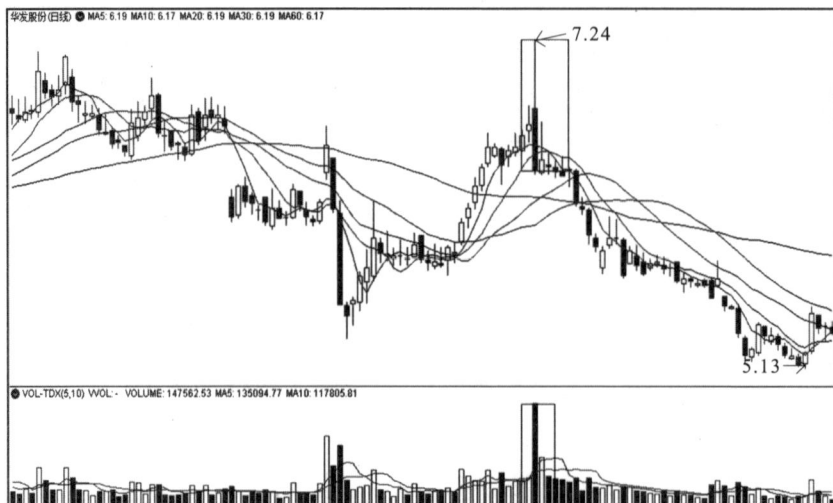

图14-27　华发股份日K线图

2. 高位和次高位横盘出货

高位和次高位横盘出货适用于有业绩支撑可以在高位站稳的股票。股价在高位被重新定位，带有价值发现的色彩，所以出货手法上也最简单、最温和。

主力完成拉抬后，股价站稳在高位，主力开始从容出货。随着时间的推移，市场会慢慢承认这个价位。因此，主力不必刻意制造买盘，在每天的交易中，主力慢慢把货出完。股价在高位站不住时，会下跌一段，再在高位上站稳。由于有过一个高点，次高位比较容易被人们接受，价格容易稳住。然后主力利用股价进行长期横盘，在这个位置慢慢完成出货。

3. 向上拉升中出货

此类派发往往选择大盘在人气鼎沸的时候，通过大幅拉升进行派发。在大盘急速上涨时，不少喜欢追涨的投资者往往在此时不计成本地进行买入，还有的甚至进行透支加码买进，希望在第二天有利润便抛掉。实际上买入此类股票在第二天一般很难获利，因为主力的行为是出货，他们在第二天往往会压低价格出货，而且不容反弹机会的来临。这些追涨者最终只得以低于买入的价格将股票卖出。

4. 在进入目标位后直接向下出货

此类主力在派发时，由于其持筹的成本十分低，当股价被拉升至目标价位后，主力便会大量抛售。

5. 打压出货法

当人气低迷时，主力不再被动地等待下方出现买单，而是在盘中制造快速下跌后以反弹来诱使抄底盘介入。只有下跌得足够深、足够快才能引发抄底，但这样一来牺牲的筹码比较多，而且可能诱发恐慌性抛盘，使人气受到较大损失，以后承接力更弱，很难再出货了。所以，这是一种杀鸡取卵式的办法，主力一般很少采用。

6. 除权后大量出货

在股票出货方式中，这种方式较为普遍而且较为有效。主力常在手中的股票除权后用少量的资金拉升该股，给市场投资者一种短线能够填权的感觉，然后顺利达到派发的目的。

━━━━━━━━━━ 本部分操作提示 ━━━━━━━━━━

炒股是有技巧的，而技巧是熟能生巧的。投资者要想从股市中赚钱，就要学习一些适合自己的投资方法和技巧。投资者要做的就是根据自己的资金实力选择是做短线、中线或长线投资，然后综合考虑各种因素挑选合适的股票进行分析和研究，选准时机介入，最后在恰当的点位卖出。只有在实战中不断总结经验、提高操盘技巧，才能在股市中游刃有余。

参考文献

[1] 胡裴. 股票操盘宝典：判大势　定思维　入牛股 [M]. 北京：经济管理出版社，2016.

[2] 杨金. 参透 MACD 指标：短线操盘、盘口分析与 A 股买卖点实战 [M]. 北京：人民邮电出版社，2020.

[3] 老牛. 短线操盘实战技法：决战股市，短线是金！[M]. 北京：民主与建设出版社，2019.

[4] 麻道明. 游资操盘手法与实录 [M]. 北京：中国经济出版社，2018.

[5] 青泽. 十年一梦：一个操盘手的自白 [M]. 北京：北京联合出版公司，2017.

[6] 黑马王子. 股市天经 [M]. 四川：四川人民出版社，2020.

[7] 康凯彬. 新股民快速入门必读：初入股市实战技法全书 [M]. 3 版. 北京：中国纺织出版社，2015.